Band **10**-1 in der gelben Reihe „**Zeitzeugen des Alltags**"
Jürgen Ruszkowski:
Rückblicke – Autobiographie –Teil **1**
Ganz persönliche Erinnerungen

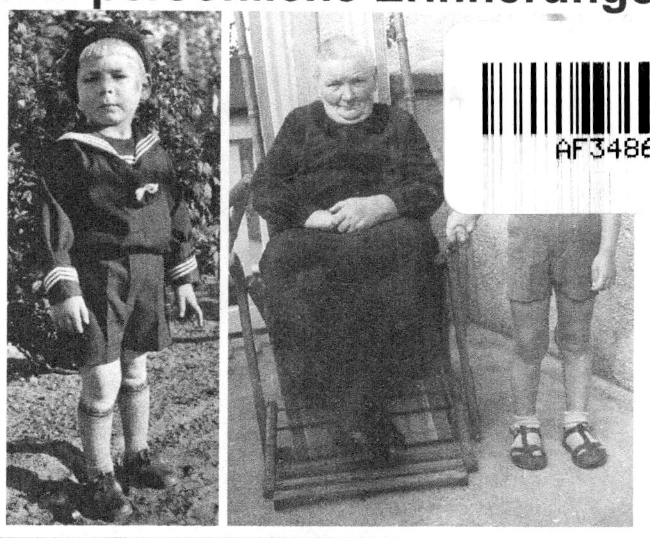

für Stella-Simone und Lara Sophie
als Information über den Großvater

* * *

Band **10-1** in der maritimen gelben Reihe „**Zeitzeugen des Alltags**"
dieser Amazon-Direktdruck **ISBN 978-1721071814**
in US\$-Raum: **1721071814**
umfangereicherer Teil 1: **ISBN 978-1522925354**
umfangereicherer Teil 2: **ISBN 978-1523491322**
umfangereicherer Teil 3: **ISBN 978-1544909042**

Jürgen Ruszkowski, Nagelshof 25, D-22559 Hamburg
Tel.: 040–18090948 – Fax: 040– 18090954 –
e-mail: ***maritimbuch@googlemail.com***

Diese Autobiographie ist auch als **ebook** in mehreren Teilen bei vielen großen Händlern im ePub-Format und auch bei amazon als kindle erhältlich:
ISBN 978-3-8476-8606-4 – ISBN 978-3-7380-6691-3

Inhalt:

	Kapitel	Seiten-Nr.

Im Internet unter:
https://sites.google.com/site/ruszkowskijuergen/
http://ruszkowskihamburgrissen.klack.org/seite3.html
http://ruszkowski.npage.de/rueckblicke.html
http://ruszkowskihamburgrissen.klack.org/seite31.html
https://sites.google.com/site/ruszkowskijuergen/himmelslotse

Vorwort

Zu den von mir bevorzugt gelesenen Büchern gehören Auseinandersetzungen mit der Zeitgeschichte und Biographien. Menschen und ihre Geschichte sind immer interessant.

Ich weiß, dass mein Leben und meine Reflexion darüber nur wenige Mitmenschen interessiert. Warum dann diese Autobiographie? Im Jahre 1987 erhielt ich einen empörten Brief in Kinderschrift von Marelina Lüneburg, einer Urenkelin des Diakons Friedrich Wilhelm Koch, des ersten Hausvaters im Hamburger Seemannsheim, in dem diese sich bitter darüber beklagte, dass die diversen Seemannspastoren in einer 1966 erschienenen Jubiläumsschrift der Seemannsmission ausgiebig gewürdigt worden waren, ihr Urgroßvater jedoch kaum Erwähnung gefunden hatte, obwohl er von 1906 bis 1933 – wie ich – 27 Jahre lang die Verantwortung der Heimleitung in schwierigen Zeiten getragen hatte. Für eine Schulprojekt-Aufgabe, in der sie über ihren Urgroßvater berichten sollte, hatte sie Informationen über den Urahn mühevoll sammeln müssen. So soll es meinen Enkelinnen Stella und Lara und eventuellen Urenkeln nicht ergehen.

Ich konnte und wollte mit diesen Rückblicken keinen spannenden Lebensbericht schreiben, sondern möglichst detailgenau mein individuelles Erleben in den zeitgeschichtlichen Zusammenhängen deutlich machen und für Nachfahren festhalten. Anstoß zu dieser Lebensreflexion gab mir ein Vortrag von Professor Wolfgang Braun anlässlich des 25jährigen Bestehens der Fachhochschule für Diakonie und Sozialarbeit des Rauhen Hauses und der darauf folgenden kontroversen Leserreaktionen von Diakonen-Kollegen. Es war kurz nach meinem Abgang aus dem Berufsleben in den Ruhestand. Jetzt hatte ich Zeit für solche Dinge. Ich erinnerte mich an alte Tagebuchnotizen aus den 1950er Jahren und blätterte darin, um mir die Situation meiner eigenen Diakonenausbildung besser vergegenwärtigen zu können. Die Erlebnisse der Jugendjahre erwachten zu intensiver Erinnerung, und ich beschloss, sie in Reinschrift zu bringen, damit mein erstes Enkelkind, das zu dieser Zeit auf die Welt kommen sollte, einmal würde nachlesen können, was den Opa in jungen Jahren bewegt hat. Aus dieser Tagebuchreinschrift entwickelte sich diese Autobiographie zu einer Lebensreflexion für mich. Meine hier zitierten Tagebuchaufzeichnungen sind in der Sprache des 15- bis 22jährigen frommen Jünglings in der seinerzeitigen Gedanken- und Erlebniswelt verfasst. Ich habe sie mit nur geringfügigen redaktionellen Änderungen wiedergegeben, weil sie große Aussagekraft über mein damaliges Befinden und Erleben haben. Manche Abschnitte werden daher für den an diesen Vorgängen nicht direkt beteiligten Leser sicherlich langweilig sein. Diese Zitate, Tagebuchnotizen und für den Leser nebensächliche Abschnitte mag man dann gerne überfliegen.

Im Zusammenhang mit meinen Reflexionen über mein Berufsleben stieß ich auch auf Michael Häuslers Dissertation über die Emanzipation der Männlichen Diakonie zwischen 1913 und 1947, die 1995 unter dem Titel „**Dienst an Kirche und Volk**" bei Kohlhammer als Buch (ISBN 3-17-013779-4) erschien. Diese Arbeit hat mich gerade wegen ihrer angenehm sachlichen Objektivität und Gründlichkeit stark beeindruckt. Die Emanzipation der Diakone von Pfarrgehilfen zu selbst verantwortlichen Mitarbeitern in Diakonie und Kirche war ein oft dornenvoller und interessanter Weg, den ich teilweise noch miterlebt habe. – Zwischen den 1930er und 90er Jahren haben sich im gesellschaftlichen, politischen, religiösen, kirchlichen und Alltagsleben so gewaltige Entwicklungen und Umwälzungen ergeben, dass es für nachfolgende Generationen nicht immer ganz einfach sein wird, vor Jahrzehnten Erlebtes und Empfundenes nachvollziehen zu können. Zu diesem Verständnis mitzuhelfen, mögen meine Rückblicke beitragen.

Hamburg, 2002 / 2018   Jürgen Ruszkowski

Mein Ruhestands-Arbeitsplatz.
Von hier aus betreibe ich meinen Hobby-Verlag, verpacke und verschicke Bücher und gestalte meine Internet-Websites.

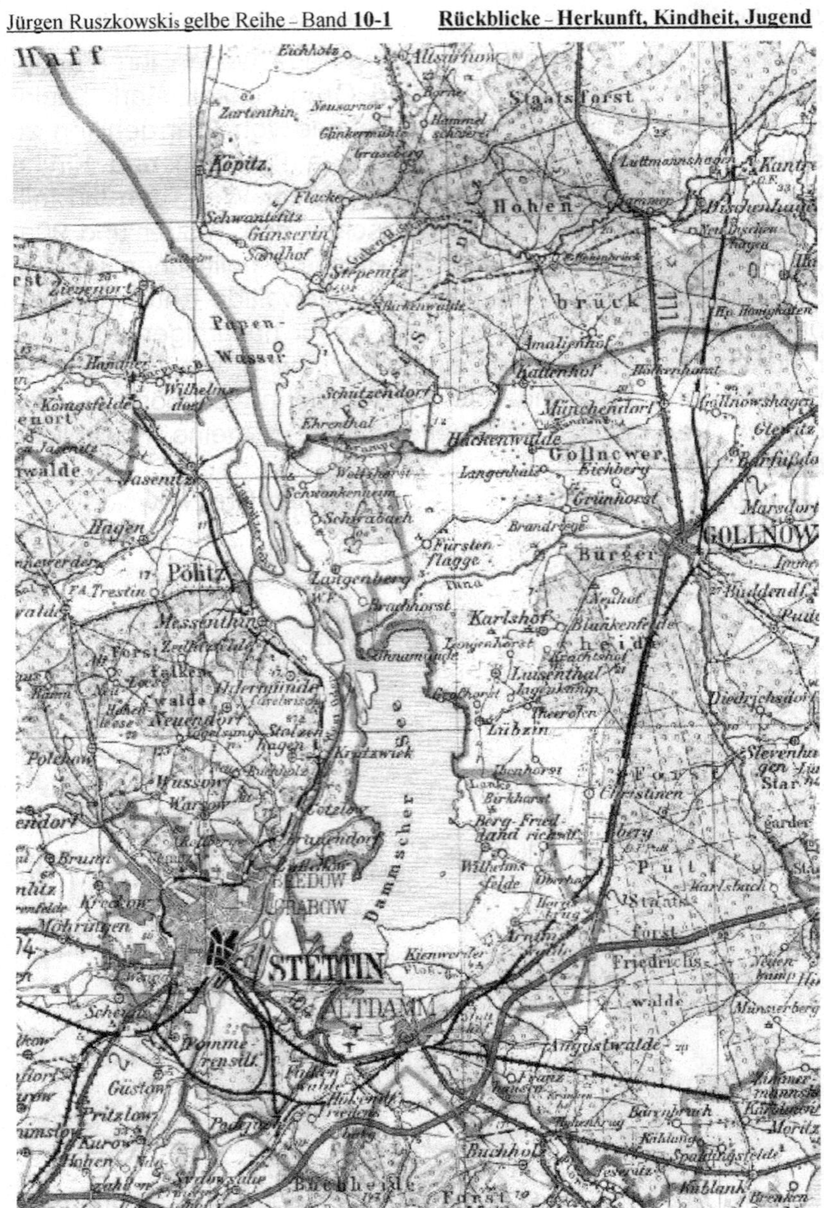

Die Landschaft meiner Kindheit: Stettin und westliches Hinterpommern

Kapitel 1: Herkunft

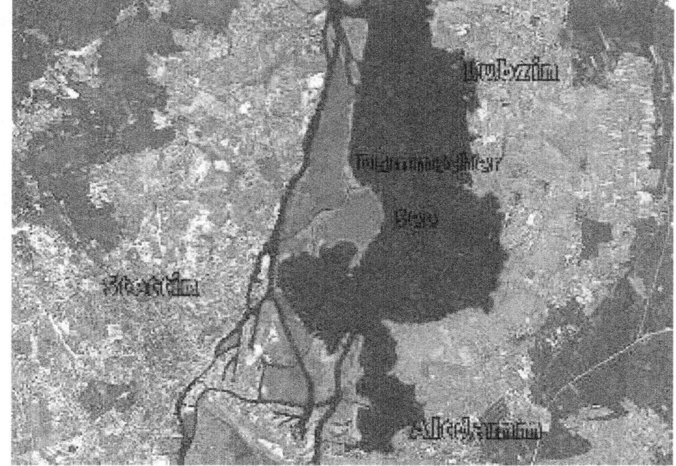

Die Landschaft meiner Kindheit: Stettin, Dammscher See

In der Hafenstadt Stettin erblicke ich am 16. Januar 1935 im katholischen Carola-Stift, das den Krieg überdauerte und heute noch von den Polen genutzt wird, bei einer Kaiserschnittgeburt das Licht der Welt. Meine Mutter hatte als Kind die „englische Krankheit" – Rachitis – und dadurch eine Beckenverengung, die keine natürliche Geburt zuließ.

Im Jahre **1935** ist zwar noch Friedenszeit, aber der Verbrecher Hitler hat sich den Machtapparat bereits voll angeeignet und alle ihm nicht passenden Kräfte entmachtet oder gar hinter Stacheldraht gebracht. Die Folgen des 1. Weltkrieges, die Weltwirtschaftskrise und deren Nachwirkungen werden langsam überwunden. Nach und nach nimmt die verheerende Massenarbeitslosigkeit ein Ende. Es kommt der große Hoffnungsaufbruch nach Wirtschaftschaos und Notstand mit Adolf, dem Rattenfänger: Mitte der dreißiger Jahre geht es durch Ankurbelung der Rüstungsindustrie steil aufwärts und langsam in Vollbeschäftigung über. Meine Mutter Erna, geborene Dollerschell, ist 24 Jahre alt, mein Vater Karl 29. Ich bin ihr erstes Kind.

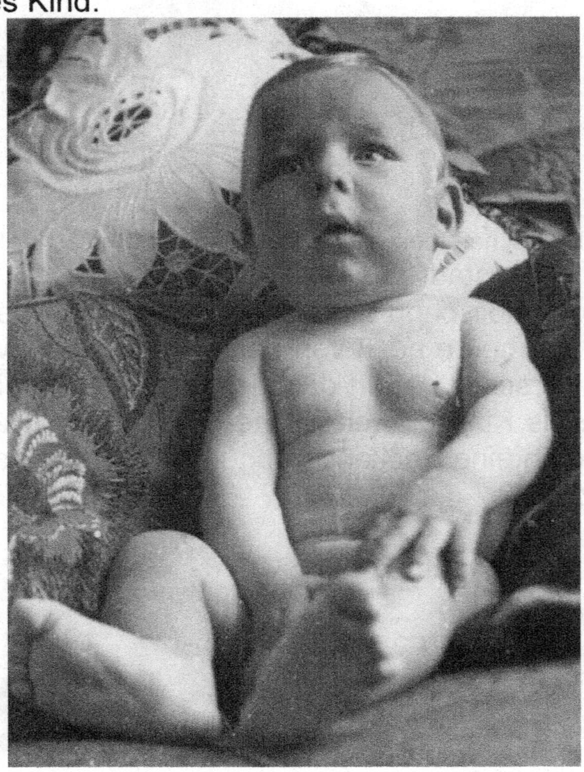

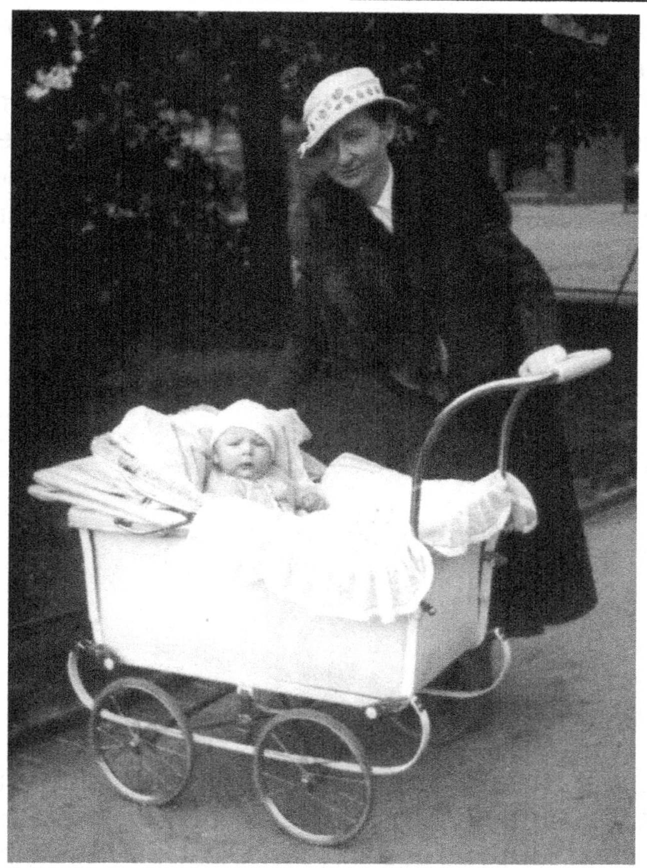

Mütterlicherseits entstamme ich kleinbäuerlichem und väterlicherseits großstädtisch-proletarischem Milieu. Die Vorfahren meiner Mutter kommen aus der Gegend östlich des Oderhaffs in Hinterpommern (siehe obige Karte), mein Großvater väterlicherseits aus dem damals westpreußischen Weichselraum. Mitte der 1930er Jahre wird von jedem öffentlich Bediensteten, auch von einem Telegraphenbauarbeiter der Deutschen Reichspost, ein Ariernachweis gefordert. So habe ich das Glück, durch entsprechende Nachforschung meiner Eltern in den Kirchenbüchern Details über meine Herkunft zu wissen.

Die nachfolgenden, etwas langatmigen Personalien mag der eilige Leser gern überfliegen.

Mein aus dem Polnischen stammender Familienname, der ursprünglich im Bereich von Litauen verbreitet war und zu einem später verarmten polnischen Adelsgeschlecht zählte, welches das Lubicz-Wappen führte, ist wahrscheinlich auf eine Ortsbezeichnung zurückzuführen.

Wappen der polnischen Familie Ruszkowski

Einen Ort **Ruszkowo** fand ich auf der Karte unmittelbar südlich der früheren Grenze (zwischen Ostpreußen und Polen vor 1939) südwestlich von Olsztyn/Allenstein, südöstlich der Kernsdorfer Höhe. Der Ort wäre nur etwa 110 km vom Wohnort meiner Urgroßmutter entfernt. Der Name Ruszkowski (sprich: Ru**sch**kowski) kommt in Polen häufig vor, ebenso in den USA, wohin ihn polnische Auswanderer brachten. Meine Urgroßmutter **Marianna Ruszkowska**, wurde am 9.05.1854 im preußischen Schönau, Kreis Schwetz, polnisch Przechowo, powiat Swiecie-Pomorze, an der Weichsel (Westpreußen) als Kind der Juliana Ruszkowska, geborene Spichalska und des Felix Ruszkowski geboren. Geburts- und Taufzeugnis wurden aus dem Polnischen übersetzt. Ihr Sohn Julius wurde am 29.07.1877 in Wendisch-Neudorf, Kreis Kulm im damaligen Westpreußen geboren. Ursprünglich war er römisch-katholisch. Er war als Kind zusammen mit seiner Mutter Marianna, die nach seiner Geburt einen Weißenberger geheiratet hatte, nach Stettin gekommen. Meine Großmutter Johanna hatte ihn über ihre Schwester kennen gelernt, die mit seinem Halbbruder Weißenberger verheiratet war. Mein **Vater Karl Ruszkowski**, geboren am 3.01.1906 in Stettin, war der älteste Sohn des Arbeiters **Julius Ruszkowski** und seiner Ehefrau **Johanna**, geborene **Runge**. Er verstarb 1947 im Alter von 70 Jahren an einem Schlaganfall in Bad Segeberg direkt nach der Zwangsumsiedlung aus dem seit 1945 polnischen Stettin. Oma Johanna Ruszkowski war eine geborene **Runge** und am 10.04.1879 in Stettin als Tochter des Schuhmachermeisters und Kirchendieners Johann Heinrich Karl Runge und der Johanne Charlotte Henriette, geborene **Ganz**, zur Welt gekommen.

Großmutter Johanna, Vater Karl und Onkel Werner

Mein Vater Karl hatte die Realschule bis zur 8. Klasse besucht und dann Maschinenschlosser gelernt. Den schon begonnenen Besuch der Maschinenbauschule musste er wegen Geldmangels abbrechen. In seiner Jugend spielte er in einer Handballmannschaft. Er erwarb den Führerschein und verdingte sich als Treckerfahrer bei einer Firma, die für ein landwirtschaftliches Gut in Röhrchen unweit von **Lübzin** östlich der Oder Wiesen umpflügte.

Mein ältester mir bekannter Vorfahre der großmütterlichen Linie **Macheel** war **Jakob Macheel**, geboren im Jahre 1766 in **Altsarnow** im Kreis Cammin in Hinterpommern, der mit **Dorothea** Sophia, geborene **Schmidt**, verheiratet war. Zwei seiner acht Kinder, Dorothea Charlotte und Johann David, wanderten nach Amerika aus. Die Nachkommen leben heute in Fox Lake, Wisconsin/USA. Über deren Erscheinungsbild und Ergehen erfahre ich immer mal wieder über facebook. Dorotheas und Jakobs Sohn war der Bauer **Michael Macheel**, verheiratet mit **Caroline** Ernestine, geborene **Groth**. Als deren Sohn wurde am 13.04.1831 **Carl Macheel**, – meiner Mutter Großvater – in Altsarnow im Kreis Cammin geboren. Carl heiratete **Johanna** Friedericke Christine **Radloff**, geboren am 7.01.1840 in Lanke, Tochter der

Marie Christine, geborene Groth und des Christian Friedrich Radloff. Es waren die Eltern meiner **Großmutter Martha** Dollerschell, geborene Macheel, die am 30.11.1877 – auch in Altsarnow – das Licht der Welt erblickte. Oma Martha hatte acht Geschwister. Der älteste Bruder war mein Großonkel August. Dessen Tochter Hedwig Otto hatte in Stettin-Altdamm in der Innenstadt einen Friseursalon. An Besuche dort kann ich mich noch gut erinnern. Zu ihren Kindern Ilse und Günther hatte meine Mutter noch in Schwerin-Lankow bis in die 1970er und 90er Jahre Kontakt. – Großonkel Michael und Großtante Toni hatten den Hof von Urgroßvater Carl Macheel in Altsarnow geerbt. **Großtante Emma**, Marthas Schwester, hatte Wilhelm Groth in **Dischenhagen** (Kreis Cammin) geheiratet. Die Ehe blieb kinderlos. Deshalb boten sie meinem **Onkel Walter Dollerschell** nach dessen Konfirmation an, als Hoferbe nach Dischenhagen zu kommen.

Das Haus in Dischenhagen – vorne meine Mutter und ihr Bruder Walter

Walter hatte bereits eine Tischlerlehrstelle in Gollnow in Aussicht gehabt.

In Dischenhagen fanden wir von Juli 1943 bis März 1945 Zuflucht, dazu später Näheres.

Das Haus in Dischenhagen vom Garten aus gesehen

Das Haus in Dischenhagen nach 1945 in Polen

Das Haus in Dischenhagen im Mai 2016

Onkel Franz und Walter, beide im Krieg „vermisst"

Großonkel Emil war Schneider in Stettin und mit Großtante Anna verheiratet. Nach zwei Totgeburten blieb die Ehe kinderlos, weil es damals noch nicht den ärztlichen Kunstgriff des Kaiserschnitts gab. Sie luden meine Mutter im Alter von 15-17 Jahren des Öfteren für 2-3 Tage nach Stettin ein, gingen mit ihr ins Theater und wollten sie einmal auf einem Dampferausflug von Stettin nach Rügen mit ihrem Schneidergehilfen verkuppeln.

Ein Seebäderschiff am Bollwerk vor der Hakenterrasse in Stettin

Dieser junge Mann sagte meiner Mutter jedoch nicht sonderlich zu. Dessen Freund, der mit an Bord war, gefiel ihr viel besser, und so tanzte sie an Bord fast nur mit jenem. Das sah Großtante Anna jedoch nicht gerne und verbot dem Kavalier die Tänze mit Erna. An diesen Ausflug erinnerte sich meine Mutter sehr gerne. Vor Stubbenkammer wurden die Reisenden ausgebootet, und man bestieg die Kreidesteilküste, um dann nach Saßnitz zu wandern, wo das Schiff sie wieder für die Rückreise an Bord nahm. – Großtante Marie war die Witwe von Großonkel Otto, einem Vetter von Oma Martha, der als Brandmeister bei der Feuerwehr bei einem Löscheinsatz tödlich verunglückt war. Wenn sie zum Nähen nach Lübzin kam, saß Klein-Erna immer bei ihr mit an der Nähmaschine. Zitat der Großtante: „Martha, die Erna muss mal Schneiderin werden." – Großonkel Ferdinand aus Harkenwalde war Stellmacher und Landwirt. Er war mit der anderen Großtante Anna verheiratet. Die beiden Annas waren grundverschieden in Wesen und Charakter. – Ernas Mutter Martha war das drittjüngste Kind. Bei ihrer Konfirmation hatte der Pastor von Altsarnow Besuch aus Stettin. Diese Leute nahmen Martha als Kindermädchen mit in die Stadt. In Stettin lernte Oma Martha kochen und war später bei einem Kommerzienrat „in Stellung". Beim Einkauf musste sie für die Dienstboten immer „Leutewurst" extra beschaffen. Dort in Stettin lernte sie dann auch ihren späteren Mann, **Karl Dollerschell** aus Lübzin, kennen, der in Stettin als Arbeiter lebte.

Mit meiner Großmutter Martha auf dem Balkon in Altdamm
Unten im Text ihr gefallener Mann, mein Großvater Karl Dollerschell

Mein ältester mir bekannter Vorfahre der mütterlichen **Dollerschell**-Linie war der Schmied und Viktuarienhändler Johann **Heinrich** Georg **Dollerschell**, geboren im Jahre 1798, aus Luisenthal, römisch-katholischer Konfession. Meiner Mutter Lehrer behauptete, Dollerschell sei ein Hugenotten-Name: Der Preußenkönig hatte Generationen zuvor protestantische Hugenotten-Asylanten aus Frankreich in der Oderniederung am Dammschen See angesiedelt. Von Tante Frieda Tank (geborene Dollerschell) wurde diese These jedoch in Frage gestellt, da Ferdinand wie auch andere in dieser Gegend lebende Dollerschells ursprünglich katholisch war. Heinrich heiratete am 31.03.1823 **Caroline**, geborene Thomas und hatte mir ihr zehn Kinder. Am 7.08.1853 ertrank er im Dammschen See. Vermutlich war er verwand mit Johann Wilhelm Dollerschell, geboren am 21.10.1827 (oder 1828?) in Louisenthal, Kreis Naugard, Pommern), der 1884 nach Amerika auswanderte.

Am 29.03.1836 wurde mein Urgroßvater, **Ferdinand Dollerschell**, in Luisenthal als Sohn dieses **Heinrich Dollerschell** und seiner Frau **Caroline** geboren.

Am 8.04.1837 wurde **Johanna Zimmermann** als Tochter des Erbbesitzers **Johann** Christian Zimmermann und **Dorothea**, geborene Balck, in Lübzin geboren. Sie heiratete meinen Urgroßvater Ferdinand Dollerschell und brachte am 10.05.1875 meinen **Großvater Karl Dollerschell** in Lübzin zur Welt.

Der großväterliche Dollerschellsche Hof in Lübzin ging zunächst an den Bruder Albert. Da sich dessen Frau nicht mit der unter einem Dach lebenden Schwiegermutter Johanna Dollerschell vertrug und es zu ständigen Streitereien kam, wurde Karl, der sich als Arbeiter in Stettin beim Bau der Hakenterrasse verdingt hatte, auf den Hof geholt.

Albert wohnte mit seiner Familie auf der anderen Straßenseite, und die Familien wechselten seither kein Wort mehr miteinander. In Rosenow gab es auch noch Dollerschells. Über Verwandtschaft ist nichts Näheres bekannt.

Am 20.10.1910 wurde meine **Mutter**, **Erna** Emma Martha Dollerschell, in Lübzin am Dammschen See geboren. Sie war als viertes Kind das Nesthäkchen. Ihre Schwester **Frieda** war als Älteste die Stütze der Mutter in Küche, Haus, Stall und Hof. Frieda heiratete **Hermann Tank** und übernahm mit diesem den Hof.

Der Bruder **Franz** Dollerschell (siehe Bild oben) heiratete **Käthe Trester** und sollte von deren Vater Gustav in Lübzin dessen gut gehende Fleischerei übernehmen. Er gilt seit Kriegsende als vermisst. Der Bruder **Walter** Dollerschell übernahm, wie bereits erwähnt, vom Onkel Wilhelm Groth den Hof in Dischenhagen und heiratete **Erna Keller** aus Hohenbrück. Auch Walter gilt seit August 1944 (in Rumänien) als vermisst.

Bei den Dollerschells in Lübzin wurde normalerweise „platt" gesprochen: Klein Ernas erstes bekanntes Zitat: „Ick kann up'n Disch kiecken!" Meine Mutter und ihre Schwester unterhielten sich, wenn sie sich später im Rheinland trafen, bis ins hohe Alter in pommerschem Platt, das sich allerdings von dem im etwa 30 km nördlich gelegenen Dischenhagen gesprochenen Platt schon wieder stark unterschied und mehr dem vorpommerschen Niederdeutsch glich.

Die Familie **Dollerschell - Macheel** in Lübzin ↑ am Dammschen See in Hinterpommern anlässlich Friedas Konfirmation: Ganz oben rechts: Großtante Anna(?), zweite Reihe ganz links Großonkel **Wilhelm** Groth, rechts daneben Großtante **Emma** Groth, * Macheel, zweite Reihe in der Mitte: die ältere Schwester meiner Mutter, meine Tante **Frieda**, rechts daneben Großmutter **Martha** Dollerschell, * Macheel, rechts daneben mit Hut: Großonkel **Emil** (Schneider), ganz links unten: meine Mutter **Erna**, etwa sechsjährig, unten: ihr Bruder **Walter**, daneben: ihr Bruder **Franz** (meine Onkel)

Als im August 1914 der Weltkrieg begann, war meine Mutter gut drei Jahre alt. Dass dieser Krieg später der erste genannt werden würde, ahnte man damals noch nicht. Als kleines Kind erkrankte sie an Rachitis, damals „englische Krankheit" genannt, was zu einer Beckenverengung führte. Deshalb konnte sie später ihre drei Kinder nur in großen Zeitabständen durch Kaiserschnitt entbinden. Am 2.08.1916, als Erna fünf Jahre alt war, wurde ihr Vater im Alter von 41 Jahren in Frankreich im Krieg erschossen.

Großvater Karl Dollerschell war an der Westfront vor Verdun eingesetzt und hatte 1916 zur Erntezeit Heimaturlaub. Vor Ablauf desselben telegraphierte der Lübziner Dorfpastor an die Front und erbat für Karl Verlängerung des Urlaubs wegen noch nicht voll eingebrachter Ernte. Aus der telegraphischen Antwort entnahm man: „genehmigt". Es war jedoch ein Irrtum: Das Telegramm war verstümmelt. Es hieß in Wirklichkeit: „nicht genehmigt". Daraufhin wurde der „Fahnenflüchtige" zu Hause von den Feldgendarmen abgeholt und zur Front zurückgebracht. Für ihn stand sogleich das Todesurteil fest. Er wollte seine Uhr und andere Wertsachen nicht mehr mitnehmen. Vermutlich wurde er in einer Strafkompanie in die vordersten Linien kommandiert und fand kurz darauf vor Fort Duamant den Tod. Großmutter Martha stand mit vier kleinen Kindern und der Landwirtschaft alleine. Der Urgroßvater Ferdinand wollte daraufhin wieder seinen Sohn Albert auf den Hof zurückholen. Mutter Martha wehrte sich aber energisch und blieb. Der kleine Hof mit einem Pferd, sechs Kühen, drei bis fünf Schweinen, Hühnern und Gänsen am östlichen Ende vom „langen Haus" ernährte die Familie schlecht und recht.

Das Haus der Dollerschells in Lübzin wird heute von Polen bewohnt – nur wenige Fragmente des „langen Hauses" überlebten den Krieg – von mir während eines Polenbesuchs fotografiert

Drei Schweine wurden in der Regel pro Jahr zum Eigenbedarf geschlachtet. Das Fleisch wurde in einem großen Fass eingepökelt, aber auch schon damals in Gläsern eingeweckt. In den Dachkammern duftete es im Herbst köstlich nach den dort gelagerten Winteräpfeln aus dem großen Garten. Großvater Karl war fortschrittlich und hatte bereits vor dem Krieg elektrisches Licht auf dem Hof und zusammen mit einem anderen Bauern eine Mähmaschine. Während der Kriegszeit hatte Großmutter Martha russische Kriegsgefangene als Hilfe, danach musste sie den Hof mit ihren Kindern alleine bewirtschaften. Beim Pferdekauf und anderen Geschäften versuchte man sie übers Ohr zu hauen. Wenn man sie um ihre kleine Kriegerwitwenrente beneidete, konnte sie sehr zornig werden: schließlich habe man ihren Mann totgeschossen. Sie hatte ein schweres Leben, „fraß alles in sich hinein", was sich psychosomatisch in starkem Übergewicht merkbar machte. So blieben Krankheiten nicht aus. Sie verstarb im September 1944 kurz vor der Flucht der übrigen Familie aus der angestammten Heimat, die ihr damit erspart blieb, im Alter von 66 Jahren.

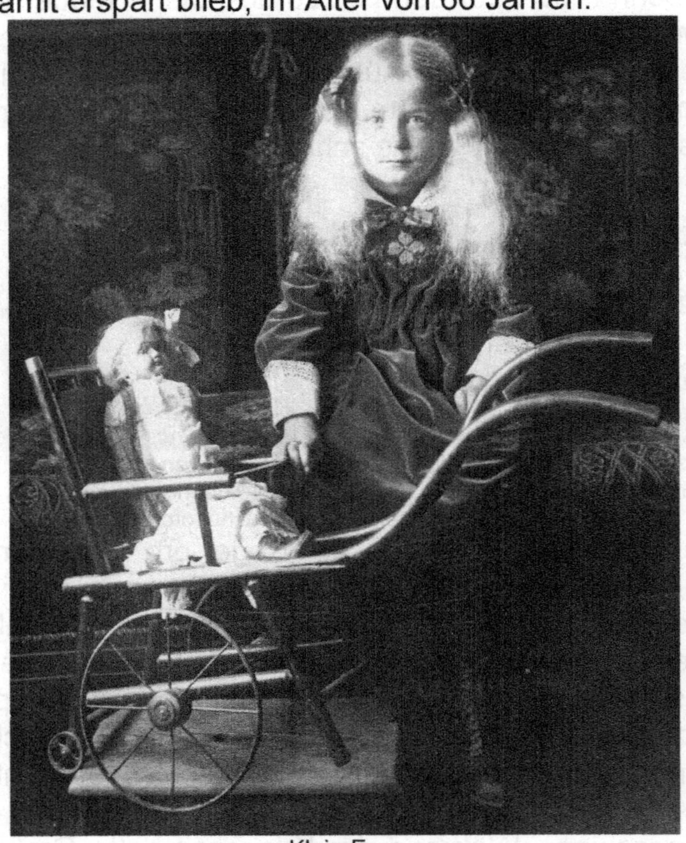

Klein-Erna

1917 wurde meine Mutter im Alter von sechs Jahren während des Krieges eingeschult. Mit den anderen Geschwistern musste sie immer mit aufs Feld und in den Stall. Oft nahm sie das Gesangbuch mit auf den Acker, um die Liedverse auswendig zu lernen, die für Schule und Konfirmandenunterricht als Hausaufgaben zu erledigen waren. Sie hatte immer Angst, die geforderten Leistungen nicht erfüllen zu können. Klein-Ernas Alptraum war das Melken. Unter der Kuh auf dem Melkschemel sitzend, zitterte sie vor Angst. Sie kriegte das Euter nie richtig leer gemelkt, und ihre große Schwester Frieda musste immer noch nachmelken. Erna war der Laufbursche des Hofes. Wenn zum Mähen mit der Maschine ein zweites Pferd gebraucht wurde, musste sie zum Hof des Partners laufen und fragen. Auf dem Dachboden fand Erna ein geheimnisvolles „7. Buch Moses", in dem sie oft las.

Palmsonntag 1918, im letzten Kriegsjahr, als Erna sieben Jahre alt war, kam zu Friedas Konfirmation viel Verwandtenbesuch. Das alte interessante Familienfoto (oben) zeugt noch heute davon.

1925 wurde meine Mutter mit 14 Jahren konfirmiert. Bei einer Kriegerwitwe in Lübzin lernte sie zusammen mit zwei anderen Mädchen (Freundin Magda) fünf Monate lang im Winter nähen. Die Künste des Zuschneidens vervollkommnete sie bei ihren Besuchen bei ihrem Onkel Emil, der Mäntel für eine jüdische Konfektionsfirma schneiderte.

Lübzin am Dammschen See

Während ihrer Kindheit und Jugend gab es oft Ausflüge mit dem Dampfer über den Dammschen See ans andere Ufer nach Stettin. Eine Dampferfahrt mit Zwischenstation in Bergland und unter der Oder-Baumbrücke hindurch bis zum Bollwerk unter der Hakenterrasse in Stettin dauerte etwa 1 ½ Stunden. Wenn im Winter der See zugefroren war, kam der Eisbrecher und hielt die Fahrrinne für den Dampfer frei. Ging auch das nicht mehr, musste man von Röhrchen aus über Altdamm mit dem Zug nach Stettin fahren. 1925 war der Dammsche See eingedeicht worden. Die Wiesen waren vorher in jedem Winter weiträumig überschwemmt gewesen. Gleich hinter dem elterlichen Hof begannen früher im Winter die Eisflächen, wo die Dorfjugend, auch Erna, kilometerweit bis auf den See hinaus Schlittschuh laufen konnte. Ab dem 10. Lebensjahr war Erna mit Begeisterung Eisläuferin. In einer großen Schlange, Hand an Hand, vorweg der Pastorssohn, zog man auf dem Eis fröhlich gemeinsam seine Bahn. Schlittschuhe und Schuhe hatte Erna von der großen Schwester Frieda übernommen, nachdem diese herausgewachsen war. In der Inflationszeit wäre kein Geld für eine Neuanschaffung vorhanden gewesen. Im harten Winter 1928/29 war der Dammsche See monatelang bis an Ostern heran zugefroren. Da früher vor der Eindeichung die Wiesen in der Odermündung im Winter regelmäßig überschwemmt waren, hatte Erna immer den Eindruck, der Zug fahre über das Wasser, weil nur der Eisenbahndamm aus den Fluten herausragte. Im Winter gingen die Männer aus dem Dorf auf den zugefrorenen See zum Aalstechen. Es wurden Löcher ins Eis geschlagen, mit Spießen ging es dann auf Aaljagd. In Tonnen wurde der Aal geräuchert.

Die Stadt war Ernas großes Ziel. Wie hatte doch Bruder Franz gesagt? „Erna, heirat' blot keen Buern, den mokst du unglöcklich!" Weg von der Landwirtschaft, weg vom Dorf! In der Stadt winkte das bessere Leben.

Die Wirtschaft lag danieder. Blanke Not und Massenarbeitslosigkeit beherrschten den Alltag. Mein Onkel Hermann Tank und mein Vater, beide Maschinenschlosser von Beruf, hatten sich 1930 zusammen selbständig gemacht. Mit einem großen Trecker mit Eisenrädern und einem riesigen Pflug dahinter pflügten sie für die Bauern die Wiesen in der Oderniederung um. Die Zeiten wurden immer schlechter: Die Bauern konnten die Rechnungen nicht mehr bezahlen. Hitler erließ den Bauern die Schulden. Konkurrenten drückten die Preise. Firma Hermann & Karl kam in der Folge in die Pleite.

Trecker und Pflug stehen noch bis in die 1940er Jahre hinein auf dem Hof in Lübzin und verrosten. Ich spiele als Junge bei Besuchen in Lübzin darauf herum und habe heute noch den Schmierölgeruch aus dem Getriebe in der Nase.

meine Mutter als ganz junge Frau

Mit 18 lernte Erna Dollerschell 1928 beim Tanzen in Lübzin meinen Vater – Karl Ruszkowski – aus Stettin – kennen.

1929 verlobten sich Karl und Erna. Die Zeiten waren schlecht. Vier Jahre lang sind meine Eltern verlobt. Dann wird in Stettin in der Bergstraße 6, wo mein Vater bei seinen Eltern in der Nähe des Hauptbahnhofs lebt, in der 2. Etage eine Wohnung frei. Karl erklärt, jetzt sei die Zeit zum Heiraten gekommen: 1933, Vater ist 27, Mutter 22 Jahre alt, ist dann Hochzeit bei ungewisser Zukunft:

Man startet gemeinsam trotz Arbeitslosigkeit und lebt schlecht und recht vom Stempelgeld. Dieses wird immer weiter gekürzt. Zum Schluss gibt es nur noch 12 Reichsmark wöchentlich. Aber meine Mutter kann durch Näharbeiten hinzuverdienen, und Schwiegermutter Johanna Ruszkowski sorgt für Kundschaft. Als Karl ihr einmal sagt, sie könne ja sehr viel, nur kochen könne sie nicht, nimmt sie sich das sehr zu Herzen und unternimmt alles, um diese Lücke zu schließen. Ihre Mutter war gelernte Köchin gewesen und hatte das Nesthäkchen nie an den Herd gelassen.

In der Bergstraße 6 in Stettin verlebte ich meine ersten Lebensjahre.

Stettin, Bergstraße 6
Das Haus überlebte den Krieg – von mir fotografiert

31

Kindheit

Meine Vaterstadt Stettin – Schiffe auf der Oder

Mein Vater bekommt im Februar 1934 eine Stelle als Telegraphenarbeiter bei der Deutschen Reichspost mit einem bescheidenen Einkommen und wird später Postkraftfahrer. Der Wochenlohn beträgt anfangs satte 36

Mark! Für die Miete zahlt man im Monat 40 Mark. Die gute Stube wird für 20 DM an Vaters Tante untervermietet. Vater ist anfangs häufig die Woche über mit dem Bautrupp auf Montage unterwegs. Wir wohnen nahe am Stettiner Hauptbahnhof in einer alten grauen Mietskaserne in der Bergstraße 6 (polnisch: Owocowa) in der 2. Etage.

Die Großeltern Julius und Johanna Ruszkowski haben ihre bescheidene Wohnung im Parterre.

In Stettin – oben Eltern, Großeltern und Onkel Werner

Werner – gelernter Schneider – war mein Patenonkel – wegen der langen Arbeitslosigkeit meldete er sich zur SS – gefallen am 13.07.1941 bei Gorki (Horki) im östlichen Weißrussland infolge Bombensplitter Kopf im Alter von 28 Jahren – Erkennungsmarke: - 66 - 2./SS-Na (2. Kompanie SS-Nachrichten) – SS-Oberscharführer (Feldwebel) – Stabskompanie SS-Infanterie-Regiment 11 – unterstand der SS-Division „Reich" –

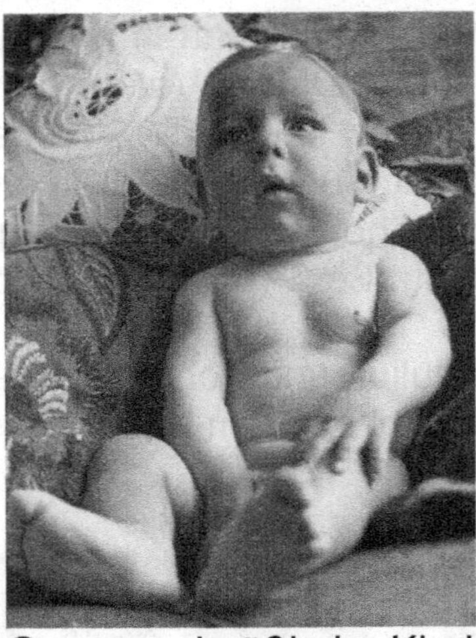

Ich werde von Oma regelmäßig im Kinderwagen ausgefahren, mit Bananen gefüttert und später mit kleingehackten Bonbons vollgestopft. Während meiner Trotzphase bringt meine Mutter mich nie an Omas Wohnungstür vorbei. Oma hat ein sehr gutes Gehör und ist sofort zur Stelle, wenn ich brülle. Dann gibt es natürlich sofort ein Bonbon. Wenn meine Mutter Besuch von einer Freundin erhält, merkt Oma Johanna es sofort und will mitreden.

Familienfeier mit Freunden und Großmüttern

Mit Patenonkel Werner – damals schon an einem Schiff interessiert

Sieht man ihm schon den künftigen Seemannsdiakon an?

Im Schrebergaren in Stettin

Er interessiert sich bereits für Schiffe

Auf die Dauer ist diese allzu intime Aufdringlichkeit der Schwiegermutter nicht durchzustehen.

So bewirbt sich Vater Karl 1937, als er 31 und Mutter Erna 26 ist, um eine Versetzung als Telegraphenbauarbeiter nach Altdamm, einem Vorort Stettins östlich der Oder, und findet dort am August-Frost-Weg nahe am Waldrand parallel zur Stargarder Straße, nicht weit von der Papierfabrik entfernt, eine schöne Neubauwohnung mit Balkon und Ausguss im 1. Stockwerk, das erste eigene, unabhängige Zuhause.

August-Frost-Weg in Stettin-Altdamm – Straßenseite – unten: Hofseite

In der Etage über uns wohnt Heinzi Navin, mit dem ich oft spiele. Durch die waldnahe Lage unserer Wohnung in Altdamm halte ich mich, meist mit anderen Kindern zusammen, viel im Grünen auf. Fortan werde ich immer eine besondere Liebe zum Wald haben.

Von dem Predigerseminar der Bekennenden Kirche im benachbarten Finkenwalde, das zu der Zeit von Dietrich Bonhoeffer geleitet wird, erfahre ich erst Jahrzehnte später.

Durch Vermittlung eines Ricklinger Diakons von der Hamburger Nikolai-Hauptkirche konnte die protestantische polnische Kirche in Stettin in den 1990er Jahren mit deutscher finanzieller Hilfe eine nach Dietrich Bonhoeffer benannte Begegnungsstätte in der Stettiner Innenstadt gründen.

Überhaupt spielt die Kirche für mich damals noch keine Rolle.

Mein Vater soll mit seinem Telegraphenbautrupp für mehrere Wochen nach Bayern versetzt werden, um in dem damals noch unterentwickelten Südstaat Entwicklungshilfe zu leisten. Mutter Erna setzt durch, zusammen mit mir mitreisen zu dürfen.

Jürgen in Straubing

Jürgen mit Vater Karl an der Donau

Von Straubing aus werden am Wochenende Ausflüge
mit geliehenem Pkw zum Großen Arber im Bayerischen

Wald, an den Königssee im Berchtesgadener Land, nach Braunau am Inn zu Führers Geburtshaus und ins Sudetenland unternommen. Es ist eine wunderschöne Zeit, an die ich mich noch bruchstückweise erinnern kann.

Der Ausflugsleihwagen – hinter dem Lenkrad der kleine Jürgen
Noch herrscht Frieden in Europa
– die Deutschen jubeln ihrem „Führer" und seiner Hakenkreuz-Partei immer noch begeistert zu und hoffen, dass es friedlich bleibt –

Ausflug ins Sudetenland

Krieg

Am 1. September 1939 bin ich vier Jahre alt. Unser ‚Führer', der „größte Feldherr aller Zeiten" (mit vorgehaltener Hand GröFaZ genannt) Adolf, Gastarbeiter aus Braunau in Österreich, verkündet über den Volksempfänger im Wohnzimmer, es werde in Danzig seit 5 Uhr in der Früh „zurückgeschossen". Meiner Mutter Vater war im 1. Weltkrieg gefallen. Sie weiß also, was Krieg bedeutet. Ich kann mich an ihre Angst bei Kriegsbeginn vor der „Goebbelsschnauze" noch sehr gut erinnern.

Außer im Wald strolchen wir Kinder auch über den nahegelegenen Truppenübungsplatz und spielen „Soldat". Einmal gibt es im nahen Wald einen großen Menschenauflauf. An einem Baum wird ein Pole erhängt, der irgendein „Verbrechen" an Deutschen begangen haben soll. Die in Lagern gefangen gehaltenen polnischen „Fremdarbeiter" müssen „zur Abschreckung" in langen Kolonnen unter dem Gehängten vorbeidefilieren. Ich erinnere mich auch noch daran, dass sich eines Tages vor einem Haus in unserer Straße ein Drama abspielte, indem die Obrigkeit einen geistig behinderten jungen Mann gegen den Willen der Mutter „abholte".

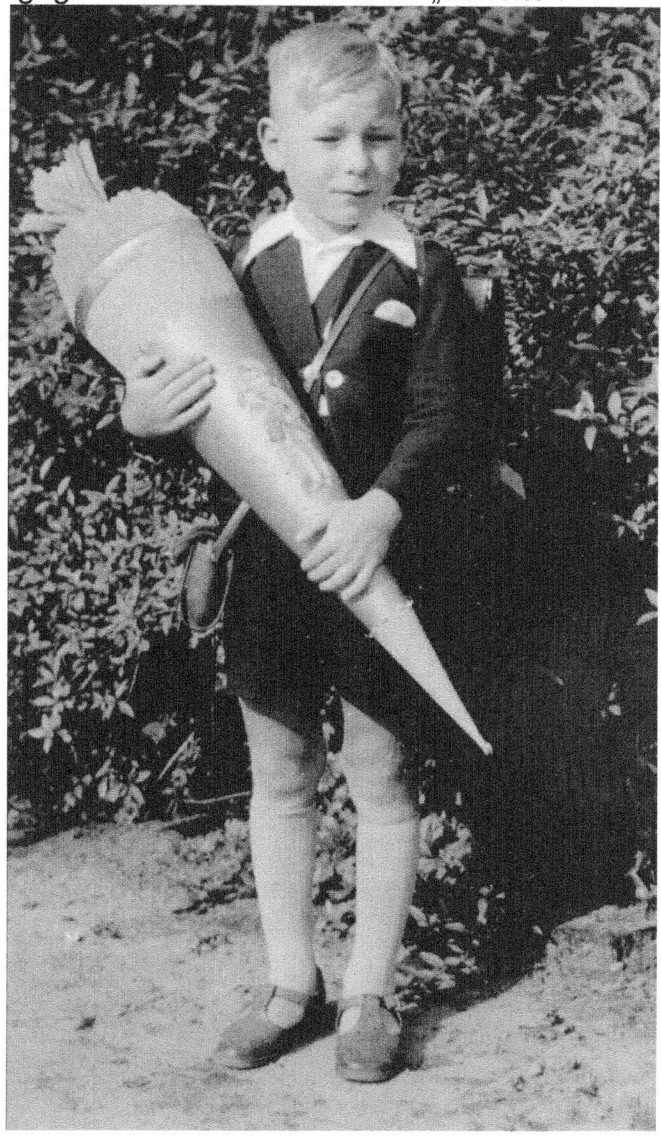

Im Herbst 1941 werde ich in Altdamm eingeschult und lerne dort zwei Jahre lang in dem alten Backsteingebäude, das den Krieg überlebt hat und dem ich 1997 einen Besuch (siehe mein Bericht über meine Fahrradtour im Jahre 1997) abstatte, lesen, schreiben und rechnen. Die schulischen Sitten sind zu der Zeit streng: Alle aufstehen, Kopfrechnen. Wer sich zuerst meldet und richtig antwortet, setzt sich und schweigt. Wer am schlechtesten rechnet, steht am längsten. Wir sitzen nach Leistung im Kopfrechnen, die schnellen Rechner hinten, die schlechten vorne. Die Sitzordnung wechselt ständig, aber ich sitze meistens in den vorderen Reihen und bin froh, dass einige Jahrzehnte später Rechenmaschinen und Taschenrechner erfunden werden. Für kurze Zeit lerne ich auch noch die alte deutsche Sütterlin-Schreibschrift.

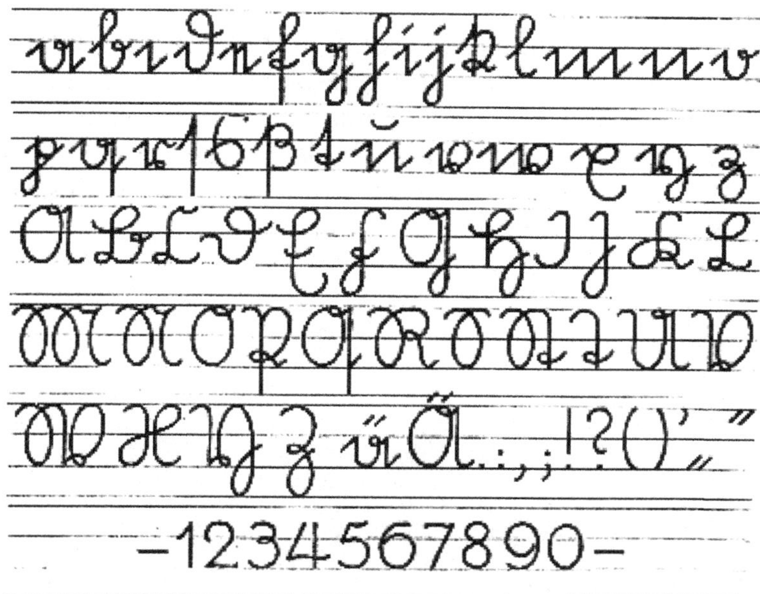

Abbildung 10. Die Ausgangsschrift.

Ab und zu werden Schmalfilme gezeigt, etwa über die Fabel vom Hasen und Igel.

Ich saß noch auf so einer alten Schulbank.

Mein Schulweg führt mich an einem Gefangenenlager für russische Kriegsgefangene vorbei, die damals als Untermenschen gelten und erheblich schlechter behandelt werden als gefangene Engländer und Franzosen.

Sieben Jahre lang wachse ich als Einzelkind auf. 1942, meine Mutter ist 31 Jahre alt, ich 7, wird meine Schwester Inge-Lore geboren.

Ich verbringe die Zeit, bis die Mutter wieder aus dem Krankenhaus zurück ist, bei den Verwandten meiner Mutter in Lübzin. Dort auf dem Bauernhof bei Oma Martha Dollerschell, Tante Frieda, Onkel Hermann Tank und Vettern Manfred und Herbert bin ich gerne zu Besuch. Mit dem Pferdewagen fahre ich mit auf die Wiesen, wo mit der Sense frisches Grünfutter für die Kühe gemäht wird. An den Festtagen gibt es bei Tante Frieda zum Mittagsmahl frische Schoten-Erbsen mit Möhren oder grüne Bohnen mit Bohnenkraut. Vetter Herbert, der kein Gemüse mag, versucht vergeblich, mir die Bohnen mit der Bemerkung madig zu machen, aus Wachsbohnen mache man Bohnerwachs. Zum Nachtisch gibt es Pudding, in Pommern „Speise" genannt, in Farbschichtung: rot und gelb. Wie in meinem ganzen Leben, bin ich schon damals ein guter Esser und lasse es mir zu Omas Freude schmecken, was Onkel Hermann so kommentiert: „Na, Jürgen, platzt er, dann platzt er." Seine Devise: „Wenn's am besten schmeckt, hör auf!" Unter dem Dach strömen die in einer Bodenkammer lagernden Äpfel aus dem Bauerngarten einen bezaubernd süßwürzigen Duft.

Gleich nebenan wohnt Harald Fick, ein gleichaltriger Junge, mit dem ich bei meinen Besuchen gerne zusammen bin. Er verfügt über ganze Heerscharen von Tonsoldaten, dem für Jungen damals wichtigsten Spielzeug. Spielerisch schon sollen künftige Helden heranwachsen! –

Wir fahren von Altdamm aus entweder per Fahrrad über Sandwege nach Lübzin oder mit der Bahn bis Stettin und von dort vom Oderbollwerk an der Hakenterrasse aus mit dem Dampfer über den Dammschen See. Einmal setze ich auch alleine mit dem Dampfer über. Den Öl- und Kohlenrauchgeruch der Maschine und deren rhythmische Geräusche habe ich noch heute deutlich in Erinnerung.

Mein Vater wird kurz darauf zusammen mit seinem gesamten Bautrupp der Reichspost zu einer Nachrichteneinheit als Soldat eingezogen.

Mein Vater in Postuniform

Mein Vater als Soldat

Er weilt relativ gefahrlos im blitzkriegbesiegten Frankreich, längere Zeit im Mittelmeer-Kriegshafen Toulon. Erst auf dem Rückzug 1944-45 nach der Invasion gerät er in lebensbedrohliche Tiefflieger-Attacken und Bombardements und erzählt immer wieder, dass er nach einer eingelegten Ruhepause mit seiner Kolonne tote Kameraden am Straßenrand überholte, die er kurz zuvor noch lebendig erlebt hatte.

Während eines Heimaturlaubs mit Schwester Inge-Lore

Ich hatte eine gute und liebevolle Mutter. Sie konnte aber auch streng sein und – wie es damals allgemein üblich war – ihre Autorität durch einen Klaps bekräftigen. Auch der Teppich-Ausklopfer kam dazu schon mal in Aktion. So verinnerlichte ich bald, dass es besser war, die Stöcke, die ich aus dem nahen Wald mit heim brachte, lieber draußen vor dem Haus zu stationieren, um damit nicht jenen Klaps einzufangen. Ich kann mich nicht daran erinnern, jemals von meinem Vater geschlagen worden zu sein. Während seiner Soldatenzeit war das ja ohnehin kein Thema, aber auch nach dem Kriege gab es da keine Gewalt, von meiner Mutter allerdings dann auch nicht mehr. An eine Begebenheit, die sich in Altdamm ereignete, kann ich mich noch sehr genau erinnern. Ich muss so etwa 7 bis 8 Jahre alt gewesen ein. Meine Mutter war nicht zu Hause. Auf dem Küchenschrank lag ein angeknicktes Hühnerei. Ich hatte davon gehört, dass man mit Eiweiß kleben könne. Das wollte ich nun mal ausprobieren. Dabei passierte es, dass das Ei auslief und ein Zierdeckchen auf dem Küchenschrank durchtränkte. Was war nun zu tun? Ich wusch das Deckchen aus und wollte es anschließend trocknen. In meiner kindlichen Unbekümmertheit wollte ich es in einem trockenen Kochtopf auf dem Herd schnell trocknen bekommen, bevor die Mutter heimkehrte. Das musste natürlich schief gehen. Das Deckchen wurde nicht trocken, sondern verbrannte und verbreitete einen starken Brandgeruch in der Küche. In meiner Not nahm ich den verkohlten Stoff, rannte damit aus dem Haus zu Wald und vergrub die Reste der Decke im Erdreich. Als meine Mutter heimkehrte, merkte sie sehr schnell, dass da etwas nicht stimmte und unterzog mich einem strengen Verhör. Au weia! Da hatte ich mich aber in eine böse Situation gebracht. Ich musste ihr die Stelle im Wald zeigen, wo das Deckchen begraben war. Natürlich war meine Mutter froh, dass nichts Schlimmeres geschehen war, aber dennoch musste sie mir zeigen, dass ich da etwas Dämliches verbockt hatte.

Der Krieg kommt dann 1943 auch an die „Heimatfront": Immer öfter muss meine Mutter mit uns Kindern nachts in den Luftschutzkeller. Im Herbst 1943 sollen wir, ich war acht Jahre alt, mit meiner Schule wegen des Bombenkrieges nach Grimmen in Vorpommern evakuiert werden. Meine Mutter zieht es vor, mit uns auf den Bauernhof ihres Bruders Walter nach Dischenhagen (heute Dzisna / Dzieszkowo) im Kreis Cammin in Hinterpommern zu gehen.

Walter Dollerschell als Soldat

So werden wir vor den immer heftigeren Bombardements verschont. Einen schweren Angriff erlebe ich im

53

Luftschutzkeller in Stettin mit, als ich Oma Ruszkowski von Dischenhagen aus alleine im Alter von neun Jahren besuche.

Großtante Emma mit den auf dem Hof lebenden drei kleinen Mädchen

Heuernte auf dem Bauernhof in Dischenhagen – Jürgen ganz rechts

Hinter dem Haus im Garten – mit Tante Erna, Ingelore und Ruth

In Hinterpommern können wir die „angloamerikanischen Bomberverbände" in großer Höhe am blauen Himmel in Schwärmen silbern glitzern sehen und das schauerliche Dröhnen der vielen Motoren hören, nachdem die Bombenlast über Stettin und den Pulitzer Benzinwerken abgeworfen worden war. Die Rauchschwaden von Pölitz verdunkeln auch bei uns den hinterpommerschen Himmel. Ansonsten ist es in Dischenhagen bis Anfang 1945 paradiesisch ruhig. Für mich sind die beiden Jahre in dem stillen Dorf idyllisch. Ich befreunde mich mit einem gleichaltrigen Jungen von einem Nachbarhof. Nach der Wende werde ich ihn als alter Mann bei einem Treffen der Dischenhagener in Wismar wiedersehen. In der kleinen Dorfschule mit nur zwei Klassen werden gleichzeitig mehrere Jahrgänge unterrichtet. Hier wird mir das kleine Einmaleins beigebracht. Der Dorfschullehrer Ewald hat noch einen Rohrstock, von dem er des Öfteren Gebrauch macht.

Auf dem Hof meines Onkels leben seine Frau, Tante Erna, deren zweijährige Tochter, meine Cousine Ruth, und meine Großtante Emma Groth. Außer uns ist noch Frau Irmgard Jaeger aus Hagen in Westfalen mit ihrer kleinen Tochter Ulla als Evakuierte einquartiert.

v.l.n.r.: Irmgard Jaeger, meine Schwester Inge-Lore,
Ulla Jaeger, Tante Lotti – eine Lehrerin aus Hagen

Wir leben alle in enger Lebensgemeinschaft auf begrenztem Raum und aus einem Kochtopf und beteiligen uns an den täglichen landwirtschaftlichen Arbeiten, die vor allem von Tante Erna und dem polnischen Fremdarbeiter Jan erledigt werden.

Ein Ackerpferd, das, wenn es Koliken hat, auf dem Hof immer in die Runden getrieben wird, steht für die Arbeiten zur Verfügung. Auf dem Hof liefern etwa sechs Kühe die Milch, einige Schweine das Fleisch und die Hühnerschar die Eier. Es wird auch ein schwarzer Schafbock gehalten, dessen fettige, duftende Wolle die alte Tante Emma nach dem Waschen und Auskämmen am Spinnrad strickfertig macht. Ich hüte des Öfteren die Kühe. Einmal gerät mir dabei eine Kuh in ein sumpfiges Loch. Das ergibt eine große Aufregung. Die Kuh kann daraus nur mit großer Mühe befreit werden. – In den Sommermonaten sammeln wir im Wald viele Blaubeeren, Preiselbeeren und Pfifferlinge. – An heißen Sommertagen baden wir Kinder in der Stepenitz (Gubenbach), einem kleinen Flüsschen. – Nachdem im August die Roggenernte und im Oktober die Kartoffelernte eingefahren ist, wird in der Scheune die Dreschmaschine in Gang gesetzt und mit ohrenbetäubendem Lärm und viel Staub das Korn gedroschen. – Es wird auch selber auf dem Hof ein Schwein geschlachtet, Wurst gekocht und auf dem Dachboden geräuchert. Im Winter wird das Pferd vor den Schlitten gespannt und die Fahrt geht durch die verschneiten Wälder.

Der Krieg geht fast spurlos an uns vorbei. Von der bevorstehenden Katastrophe bekommen wir nichts mit. Der Radioapparat auf dem Hof ist defekt und die gleichgeschaltete großdeutsche Presse ohnehin bis zum letzten Tag auf Siegesoptimismus geschönt.

Im Sommer 1943, meine Mutter ist 33, sieht sie ihren Lieblingsbruder Walter zum letzten Mal, als sie ihn mit Pferd und Wagen durch den Wald nach dem Fronturlaub zum Bahnhof Honigkaten fährt.

Auf dem Wege offenbart er ihr, dass er den Krieg für verloren und Hitler und seine Helfer für Verbrecher hält. Er habe in Russland zu viel gesehen: „Vom Unteroffizier aufwärts sind das alles Schweine. Diesen Hunden gönn' ich den Sieg nicht. Ich hab' das Gefühl, ich komm' in russische Gefangenschaft und da nie wieder raus." Er setzt sich dafür ein, dass man den polnischen Zwangsarbeiter Jan, der während seiner kriegsbedingten Abwesenheit vom Hof die landwirtschaftlichen Arbeiten erledigen muss, gut behandeln soll. Seine Frau, Tante Erna, die Jan sonst recht kurz zu halten pflegt, liegt während Walters Fronturlaub mit einer infektiösen Erkrankung im Krankenhaus in Gollnow auf der Isolierstation und er kann sie nur von der Straße aus in Rufweite sehen. Seine letzte Post kommt im August 1944 aus Rumänien, bevor die Rumänen sich von Deutschland ab und den Sowjets zuwenden. Das besiegelt auch sein Schicksal. Er gilt seither als „vermisst".

Seine Tochter Ruth ist 1945 drei Jahre alt. Zusammen mit ihrer Mutter und Tante Emma wird sie Anfang März 1945 von den auf Rache sinnenden Sowjetsoldaten in Dischenhagen überrollt, kann sich an die schrecklichen Vorkommnisse auf dem Hof heute jedoch nicht mehr erinnern. Meine Mutter hielt den Kontakt zu ihr immer aufrecht. Nach der Vertreibung durch die Polen lebte Großtante Emma in Vorpommern, Tante Erna mit Ruth in der Nähe von Teterow. Die sehr alte Tante Erna besuchte ich in Teterow in meinem Ruhestand 1997 während einer Fahrradtour von Hamburg nach Stettin und Dischenhagen. Ruths Sohn Detlef fand meine Internetseiten mailte mir und schickte mir daraufhin dieses Familienfoto:

Detlef Schmidt mit Familie

Detlef Schmidt feiert und lädt mich dazu ein.

Das Wohnhaus auf dem Hof in Dischenhagen,
vor dem Haus sitzend meine Frau und Tochter Inken.
1979 anlässlich eines Besuchs in Polen von mir fotografiert

Flucht

Im Januar 1945 ist mein Vater noch einmal als „Frontur-laubert" zu Hause.   Zu der Zeit erhalten wir in Hinter-pommern die ersten nächtlichen Einquartierungen von Flüchtlingstrecks aus Ostpreußen, die am nächsten Mor-gen wieder weiterziehen.   Hitler glaubt offenbar immer noch an den Endsieg und schickt zu dieser Zeit noch deutsche Truppen, die zum Aufhalten der Russen in der eignen Heimat dringen nötig gewesen wären, nach Un-garn, um „die Bolschewiken von dort aus in die Zange zu nehmen".   Am 28. Februar 1945 fahren wir noch sorglos zur zeitlich vorgezogenen Konfirmationsfeier meines Vet-ters Herbert nach Lübzin.

Der gummibereifte Pferdewagen wird, als die Front im-mer näher rückt, mit einer Plane versehen und für die Flucht mit den wichtigsten Sachen, wie Bettzeug, Klei-dung und Lebensmittelvorräten beladen.   Porzellan, Bestecks und Wertsachen werden in Kisten verstaut und im Garten hinter dem Haus vergraben.   Wenn wir nach dem Kriege zurückkehren werden, wollen wir die Sachen wieder hervorholen.   Aus Bettlaken näht meine Mutter Rucksäcke.   Um den 3./4. März 1945 sehen wir in der Nacht im Nordosten Feuersschein am Horizont und wundern uns darüber.   Niemand ahnt, dass er schon die nahen brandschatzenden Russen ankündigt, die mit überwältigender Übermacht, nur auf geringen Wider-stand stoßend, in wenigen Tagen große Gebiete über-rennen.   Die Flucht darf aber erst nach obrigkeitlicher Weisung angetreten werden.   Im kalten frühen März 1945 (soweit ich es rekonstruieren kann, in Dischenha-gen wahrscheinlich am 4.03.) kommt die behördliche Anordnung: Evakuierte dürfen den Ort verlassen, Orts-ansässige haben noch zu bleiben.   Ich bin 10 Jahre alt, meine Mutter 34, mein Vater als Soldat auf dem Rückzug im Westen. Wäsche wird doppelt und dreifach auf den Körper gezogen, die gepackten, aus Bettlaken genähten Rucksäcke werden geschultert. Tante Erna bringt uns (vermutlich am 4. März) mit dem Pferdewagen zum Bahnhof Kantreck (heute Łoznica). Dort den ganzen Tag und die darauffolgende Nacht vergebliches Warten auf einen Zug. Mehrere Flüchtlingszüge fahren ohne uns weiter. Zwischendurch werde ich noch einmal zu Fuß über die Kleinbahngleise zurückgeschickt, um irgendetwas Vergessenes zu holen. Meine Mutter erwartet derweil besorgt meine Rückkehr. In der Nacht der feuerrote Horizont im Nordosten. Die Russen melden sich schon per Telefon aus der nächsten nördlichen Bahnstation. Cammin wurde am 5.03. bedrängt, um den 5.03. setzten sich deutsche Militärdienststellen aus dem Nachbardorf Hammer (heute Babigoszcz) ab. Hagen vor Wollin wurde am 7.03.1945 von den Russen eingenommen. Es gelingt uns, im letzten Eisenbahnzug am 5.03.1945 dank der beherzten Durchsetzungsfähigkeit der Mitevakuierten und späteren Freundin der Familie, Irmgard Jaeger aus Westfalen, die Türen einer offenen Kohlenlore von außen zu öffnen und uns gegen den heftigen Widerstand der bisherigen „Passagiere" Einlass zu verschaffen. Die Flucht im unbedachten Güterwagen, den Russen noch gerade im letzten Augenblick entkommen, führt uns durch Gollnow südwärts, später durch das brennende Altdamm und durch Stettin immer weiter nach Westen. Für die Strecke bis Stettin, die man sonst mit dem Bummelzug in einer Stunde fuhr, benötigt unser Flüchtlingszug mit unserem dachlosen Güterwaggon bei winterlicher Kälte fast eine Woche. Immer wieder bleibt er auf freier Strecke im stark umkämpften Gebiet südlich von Gollnow stundenlang stehen, bis die zerbombten Schienen wieder notdürftig repariert worden sind. Mehrere Züge stauen sich hintereinander auf den Gleisen.

Es ist riskant, den Zug zu verlassen, etwa um ein menschliches Bedürfnis zu erledigen. Er kann nach kurzem Pfeifen der Lokomotive jeden Moment wieder anfahren. Die russischen – „Nähmaschinen" genannten – Jagdflugzeuge beharken auf der parallel laufenden Landstraße die zurückflutenden deutschen Militärkolonnen mit Maschinengewehrfeuer, verschonen aber unseren Flüchtlingszug. Es finden bereits unweit der Bahngleise Kämpfe statt: Gollnow (heute Goleniow) wurde am 7.03.1945 von den Russen bedroht, Lübzin (heute Lubczyna) am 8.03. Bei Hornskrug (heute Rzesnica) nördlich vor Altdamm (heute Dabie) stürmen die Sowjets am 11.03. gegen den bis zum 20.03.1945 von den Deutschen gehaltenen Brückenkopf Altdamm. Lange steht der Zug auch vor Altdamm, und meine Mutter überlegt ernstlich, dort auszusteigen, weil unsere unversehrte Wohnung ganz in der Nähe ist. Aus einem Bahnwärterhaus vor Altdamm kommt ein Stuhl in den Waggon, der uns noch jahrelang als Andenken an den Heimatort dient. Von Stettin aus geht es dann an einem Tag durch Vorpommern und Mecklenburg bis an unser Ziel, das uns aber noch unbekannt ist. Nur ab und zu hält der Zug, um einige Kinderleichen oder an Erschöpfung gestorbene alte Leute auszuladen. Ein Mann in SA-Uniform reicht unterwegs den durstigen Flüchtlingen auf deren Bitte einen Eimer mit Trinkwasser aus einem Bahnwärterhäuschen in den Waggon.

In Grevesmühlen in Westmecklenburg, kurz vor Lübeck, hält der Zug, und wir müssen alle aussteigen. Hitlerjungen mit Handwagen helfen auf dem Weg zum Notquartier. Eine Woche lang finden wir zusammen mit vielen anderen Flüchtlingen eine erste Unterkunft in der Fremde im Gemeindesaal der evangelischen Kirche auf einem Strohlager. Am nächsten Tag kann ich nicht mehr laufen. Meine im offenen Güterwagen angefrorenen Füße heilen aber langsam wieder. Einem Altersgenossen müssen die erfrorenen Zehen amputiert werden.

Der Gemeindesaal der Kirche in Grevesmühlen

Dann erhalten wir zusammen mit Irmgard Jaeger und deren Tochter Ulla für zwei Frauen und drei Kinder ein kleines Zimmer mit Strohsäcken auf dem Fußboden bei Malermeister Matthies in der Wismarschen Straße 67.

Die in Dischenhagen (heute Dzieszkowo) zurückgebliebenen Verwandten werden, wie wir erst viel später von Großtante Emma erfahren, von den Russen überrollt und erleben deren Vandalismus grauenvoll am eigenen Leibe. Als erstes buddeln sie unsere vor wenigen Tagen im Garten vergrabenen Kisten zielstrebig aus. Auf ihrem Vormarsch durch Ost- und Westpreußen haben sie darin schon hinreichend Erfahrung sammeln können. Die betrunkenen Russen holen die Flaschen mit eingeweckten Blaubeeren aus dem Keller und werfen sie gegen die Hauswand, weil sie keinen Wodka enthalten, zerren die Federbetten heraus und schlitzen sie auf, stochern mit Forken im Heu herum, worin sich die Frauen versteckt haben und feiern Orgien der Vergewaltigung. Monate später werden die verbliebenen Deutschen von den Polen von ihren Höfen vertrieben und unter dramatischen Umständen in die sowjetische Besatzungszone umgesiedelt. Wie es anderen Menschen aus dieser Gegend erging, habe ich in meinem Band **15** der gelben Reihe in

Zeitzeugenberichten zusammengetragen. Dem sind wir noch gerade rechtzeitig entkommen! Von meiner Cousine Ruth erfahre ich Jahrzehnte später, ihre Mutter habe nie über diese grauenvollen Erlebnisse gesprochen.

Kapitel 2: Grevesmühlen in Mecklenburg

Der Krieg liegt in seinen letzten Zuckungen. Ich bin enttäuscht, dass ich nach Erreichen des 10. Lebensjahres in Grevesmühlen nicht mehr Pimpf werden soll, aber meine Mutter meint, das sei nun nicht mehr angebracht. Mit unserem Führer und seiner Hitlerjugend gehe es trotz aller Endsiegparolen und Hoffnungen auf Wunderwaffen eindeutig dem Ende entgegen. Der Traum von der Weltherrschaft des Großdeutschen Reiches ist ausgeträumt. Im April und Anfang Mai fluten in dieser letzten, von deutschen Truppen „beherrschten" Gegend aus Ost und West deutsche Militärkolonnen und endlose Flüchtlingstrecks zusammen. Die Flüchtlinge biwaken in den ‚Kohlsteigen' und Gartenwegen mit ihren Pferdewagen, die Soldaten in Wäldern und auf Feldern. Der „Heldentod des Führers" am 30. April 1945 wird im Großdeutschen Rundfunk bekannt gegeben. Es gibt um Grevesmühlen, das den Krieg bislang ohne Bombardements heil überstanden hat, keine Kämpfe. Ein Haus wurde in den letzten Kriegstagen durch eine Bombe zerstört, die einer benachbarten Eisenbahnbrücke gegolten hatte und ihr Ziel verfehlte. Anfang Mai werden in der Stadt weiße Fahnen gehisst. Einige SS-Fanatiker holen die weiße

Fahne wieder vom Wasserturm, und es gibt eine wilde Schießerei zwischen ihnen und den hissenden Wehrmachtssoldaten.

Der trotz seines hohen Alters den Kirchsprengel immer noch betreuende Propst Münster, der mich später konfirmierte, berichtet in der von ihm sehr gründlich geführten Gemeindechronik über diese Stunden:

„Die ersten Tage des Monats Mai waren äußerst spannungsreich und aufregend.   Der Einmarsch alliierter Truppen war täglich zu erwarten.   Es war aber zu befürchten, dass der wahnwitzige Befehl, unter allen Umständen äußersten Widerstand zu leisten, von fanatischen Hitlerleuten befolgt werden und namenloses Unheil über die Stadt heraufbeschwören könnte.   Es traten hier und da SS-Männer mit derartigen Drohungen auf.   Es hieß, Himmler hielte sich in Kalkhorst auf, um den verzweifelten Kampf zu leiten.

Einige entschlossene Männer taten sich zusammen, um solche Versuche zu verhindern, und brachten es fertig, auf dem Kirchturm und auf dem Wasserturm die weiße Fahne zu hissen – am 2. Mai. Um diese Fahne, die den nahenden Truppen die Unterwerfung der wehrlosen Stadt kundtun sollte, entbrannte ein heißer Kampf zwischen SS-Soldaten und ihren Gegnern. Die Fahne wurde aufgesetzt, wieder heruntergeholt und wieder aufgezogen, auch der Verfasser dieses Berichts wurde am Nachmittag des 2. Mai zweimal von angetrunkenen SS-Männern wegen dieser Fahne mit dem Revolver bedroht. Das Ende war die Unschädlichmachung der SS-Kämpfer und der widerstandslose Einzug der amerikanischen Truppen."

Man bedeutet mir, ich solle nun nicht mehr mit „Heil Hitler" grüßen, das sei jetzt vorbei, was ich erst nicht verstehe, denn ich habe mit meinen zehn Lenzen gar nicht assoziiert, dass dieser Gruß etwas mit „unserem Führer" zu tun hat. Für mich ist „heilitler" gleichbedeutend mit „Guten Tag". Warenlager werden plötzlich zum Plündern durch die Bevölkerung freigegeben.

Der Krieg ist aus

Der erste Jeep mit weißem Stern auf der Kühlerhaube fährt durch unsere Straße. Die Amis sind kampflos da. Sie lassen durch einen Lautsprecherwagen in deutscher Sprache ausrufen, nachts gelte Ausgangssperre, diese Gegend sei sowjetisches Interessengebiet und niemand habe es zu verlassen. Fotoapparate und ähnliche Wertgegenstände seien auf dem Marktplatz an die Besatzungsmacht abzuliefern. Unser einfaches Klappbalg-Fotogerät, das die Flucht überstanden hatte, wandert somit „in Feindeshand". Wir sehen die ersten „Neger". Die Amerikaner werden durch Engländer und dann durch Schotten abgelöst, und wir amüsieren uns über Soldaten in karierten Röcken mit Dudelsäcken, die auf dem Marktplatz paradieren. Die fremden Soldaten essen schneeweißes Brot, und ab und zu erwischt ein deutsches Kind mal von ihnen ein Stück Schokolade.

Am Rande der Stadt am Vielbecker See unterhalten die Tommys ein riesiges Kriegsgefangenenlager auf Feldern unter freiem Himmel.

Vielbecker See mit Blick auf die Stadt Grevesmühlen

Blick über Grevesmühlen Richtung Vielbecker See

Später erzählt uns Onkel Hermann, dass er in diesem Lager bei Grevesmühlen weilte. Den einzigen Schutz gegen Kälte und Regen bieten Erdlöcher.

Propst Münster berichtet: „Am Vielbecker See, auf der Krankenhausseite, entstand ein ausgedehntes Kriegsgefangenenlager, dem die dortigen Anlagen, Bäume und Sträucher, zum Opfer gefallen sind.

In den ersten Tagen nach dem Einmarsch besuchte mich ein amerikanischer Geistlicher in Uniform von der Methodistenkirche und gab die Erklärung ab, das gottesdienstliche Leben solle ungestört weitergehen. Er bat um geistliche Betreuung des Kriegsgefangenenlagers am See, die dann aber ein kriegsgefangener Pastor übernommen hat.

Für die amerikanischen Soldaten hielt der amerikanische Pfarrer nach Verabredung der Stunde Gottesdienste ab.

Wochen danach wurde die amerikanische Besatzung durch eine britische abgelöst. Auch für sie wurde ein Gottesdienst abgehalten von einem Prediger der englischen Hochkirche, der mir das ebenfalls persönlich mitteilte, aber anders als der Amerikaner, in stolzer, steifer Haltung. Sein Gottesdienst war nur schwach besucht. Nach einigen Tagen trat ein schottischer Pfarrer an seine Stelle, Thomas Cronby aus Glasgow, das war ein warmherziger, liebenswürdiger Herr, den wir liebgewonnen haben. Er ist wiederholt in unserem Hause und Garten gewesen und unterhielt sich gern zu seiner Belehrung deutsch und englisch mit meiner Tochter."

Die Schulen sind zu Lazaretten umgewidmet geworden. Von dort zieht fast jeden Tag ein Pferdewagen mit Leichen in Papiersäcken an unserem Haus vorbei zum Friedhof. Alle paar Tage geht der Gemeindebote mit seiner Handglocke durch die Straßen und ruft die neuesten Nachrichten der Militärverwaltung aus.

Mein Vater entledigt sich in Lübeck seiner Soldatenuniform und besorgt sich eine Postuniform. Damit wandert er die etwa 40 km bis Grevesmühlen, wo er noch im Mai bei uns eintrifft. Um ein Haar wäre es schief gegangen, denn die unterwegs kontrollierenden Engländer wissen nicht zwischen Post- und Soldatenuniform zu unterscheiden. Auch Hans Jaeger kann sich auf der Flucht vor dem ‚Iwan' nach Grevesmühlen durchschlagen. In unserem kleinen Zimmer muss nun auch noch Platz für zwei Männer geschaffen werden. Hans Jaeger bricht schon bald darauf trotz offiziellen Verbots mit Frau und Kind gen Westen Richtung westfälische Heimat auf. Er hat Angst vor Gräueltaten der angekündigten Russen, denn er hatte an der Ostfront schon einiges gesehen und gehört. Wir sind ja immer noch von der Hoffnung beseelt, in die pommersche Heimat zurückkehren zu können und wollen nicht noch weiter westwärts, auch sind wir froh, hier im westlichen Mecklenburg ein Dach über dem Kopf zu haben.

Im Sommer, am 30.06.1945, bin ich zum Erbsenpflücken auf dem nahe gelegenen Gut Wotenitz auf dem Feld, als es plötzlich heißt: „Sofort nach Hause: Ausgangssperre!" Die Briten ziehen ab, jetzt übernehmen die Russen unser Gebiet. In der folgenden Nacht kommen zunächst einige mit sowjetischen Soldaten beladene altertümlich wirkende Lkw und dann unendliche Panjewagen- und singende Marschkolonnen mit einem Vorsänger und dann einfallendem Kollektivgesang. Ein russischer Liedversrefrain klingt für uns wie „Leberwurst, Leberwurst mit bisschen Sand damang". Die sowjetischen Truppen sind jetzt nach Kriegsende in dem neu eingenommenen westmecklenburgischen Städtchen zwischen Wismar und Lübeck nicht mehr so wild, wie im Kampfgebiet, das sie selber erobert hatten. Vor allem werden die niederen Dienstgrade ohne Ausgangsmöglichkeit in den Kasernen gehalten. Nur die Offiziere haben weitgehende Bewegungsfreiheit. Einzelne Übergriffe soll es hier und da auf den abgelegenen Dörfern geben. Für die sowjetischen Offiziere und ihre Familien werden etliche Villen requiriert. Die militärischen Objekte und Dienststellen verschanzen sich hinter meterhohen Bretterzäunen. Im benachbarten Schützenhaus ist eine Blaskapelle stationiert und übt mit Hingabe und täglich neu den Triumphmarsch aus Verdis Aida. Russische Patrouillen durchsuchen die Häuser nach ehemaligen deutschen Soldaten. Meinem Vater passiert jedoch nichts. Er ist heil durch den Krieg gekommen und von Gefangenschaft verschont geblieben und bleibt es auch weiterhin. Die bislang zweigleisigen Eisenbahnlinien werden nun alle eingleisig. Das zweite Gleis wandert – wie auch Maschinen und ganze Industrieanlagen als Reparationen in die von Hitler überfallene und zerstörte Sowjetunion. In einem Witz dieser Tage heißt es: „Die Züge fahren jetzt so schnell, dass man das Nebengleis gar nicht mehr sieht!" Russenwitze machen überall die Runde: „Sieht ein Russe einen Jungen freihändig auf seinem alten Rad fahrend. Der schiebt ein schönes neues Rad, das er dem Jungen sofort zum Tausch anbietet, weil er auch gerne freihändig fahren möchte."

Nationalsozialistisch belastete Personen werden teilweise zur Zwangsarbeit gen Osten deportiert.

Mit einem Handwagen ziehen wir in die umliegenden Wälder und suchen auf dem Waldboden liegende Zweige, Reisig, Tannenzapfen oder roden Baumwurzelstubben als Feuerholz für Herd und Ofen. Im Wald östlich des Dorfes Degtow sehen wir überall von deutschen oder russischen Soldaten angelgte Erdbunker, worin sich teilweise noch Briefe in kyrillischer Schrift finden. Die Russen holzen die Wälder für ihren Bedarf großflächig ab und sägen die Bäume nach ihrer Weise in bequemer Brusthöhe um, so dass wir uns gerne die verbliebenen Meterstücke über den Wurzeln holen. Einer der Holz fällenden Russen spricht etwas deutsch und vermittelt uns radebrechend seine politische Weltanschauung: „Gitler Scheiße, Stalin Scheiße, alles Scheiße!"

71

Blick über Grevesmühlen Richtung Malzfabrik

In der unmittelbaren Nachkriegszeit wüten Krankheits-epidemien, die wegen fehlender Medikamente und man-gelnder Hygiene nicht eingedämmt werden können. Krätze und Furunkelose sind noch die harmlosesten Übel. So verlieren wir im Sommer 1945 durch eine tödlich verlaufende Diphtherie meine Schwester Inge-Lore im Alter von drei Jahren, weil kein Serum zur Verfügung steht.   Das ist für meine Mutter natürlich ein sehr schmerzvoller Verlust. Die Flucht lebend überstanden – und jetzt dieser grausame Kindestod.

Um Schmerz und Trauer besser verkraften zu können, nahmen meine Eltern für einige Monate ein aus Ostpreußen stammendes Pflegekind namens Hannelore auf, das durch die Kriegsereignisse von seiner Mutter getrennt worden war. Das Mädchen kam total verlaust zu uns und blieb, bis sich die Mutter über den Suchdienst wieder fand.

Propst Münster: „Die Zahl der Beerdigungen im vorigen Jahr 1944 war mit 111 normal, angesichts der Ernährungslage sogar niedrig zu nennen. Dass sie 1945 anschwellen würde, war bei dem Flüchtlingszustrom vorauszusehen. Sie hat sich sogar über alle Voraussicht vergrößert durch eine Epidemie, die das ganze Jahr hindurch anhielt und viele Todesopfer forderte. Im Begräbnisregister des Kirchenbuches sind 595 eingetragen. Die Zahl der Toten ist aber noch größer, denn es sind gar nicht alle gemeldet, auch beim Standesamt nicht, die Personalien sind gar nicht von allen bekannt, z. T. von den bei Hungerstorf umgekommenen Autobuspassagieren nicht und von in der Malzfabrik untergebrachten Anstaltspflegligen aus Stettin nicht, die nach der nationalsozialistischen Methode beseitigt sein sollen, auch die Angaben über Verstorbene im Flüchtlingslager, das im Questiner Wald in Erdhöhlen angelegt war, waren lückenhaft und ungenau, so dass leider manche Anfragen von Angehörigen nach Vermissten, deren Spur hierher führte, weder aus unserem noch aus dem Standesamtsregister beantwortet werden konnte.

Endlich sind auch manche Verstorbene nicht mitgezählt, die eigentlich hierher gehören, aber in dem für Infektionskrankheiten eingerichteten Schloss Bothmer ihrem Leiden erlagen und etwa in Klütz bestattet sind. Im Januar hatten wir schon 17, im Februar 28, im März 35 – nach dem 1. Vierteljahr 108 Begräbnisse. Von April (28) und Mai (39) stieg die Zahl im Juni auf 70. Dieselbe Zahl wurde noch im November wieder erreicht, ohne im Juli (54), August (65), September (68), Oktober (58) wesentlich zu sinken, und im Dezember waren es noch 63. Die Todesursache war in den epidemischen Fällen Typhus oder Diphtherie, öfter beide zugleich. Wegen der Menge der Toten mussten oft Massenbeerdigungen durchgeführt werden, wenn z. B. im Februar an einem Tage 7, im März an 3 Tagen je 8 Leichen, im Mai und später 18, 11, 12 (11.09.), am 18.09. und 21.12. sogar 14, am 14.12. fünfzehn Leichen zu bestatten waren. Dann musste man nach dem Gesichtspunkt des Alters oder Geschlechts oder der Heimat und nach der Lage des Grabes zusammenfassen und gemeinsame Feiern an der Grabstätte gestalten, so dass die Namen mit kurzer Angabe des Alters, des Berufs, der Heimat und dergl. verlesen wurden und dann eine Ansprache über ein Schriftwort folgte. Grundsätzlich, und soweit es möglich war, wurden natürlich Einzelbeerdigungen vorgenommen."

Schlangestehen und stundenlanges Warten auf ein Brot vor dem Bäckerladen, vor der Molkerei für eine Kanne voll Molke oder Magermilch, bei der Mühle für einen Beutel voll Kleie oder Schrot, gehören zum Alltag. Der Tannenberg-Müller ist als Original bekannt. Oft gibt es erst Ware, wenn der Chor der in der Schlange Wartenden ihm vorsingt: „Das Wandern ist des Müllers Lust". Für den Kuss einer schönen Frau gibt es eine Extrazuteilung. Pferdefleisch in Form von Sauerbraten oder Frikadellen steht obenan auf der Leiter besonderer Genüsse. Die vielen Gäuler vor den Treckwagen aus den verlorenen deutschen Ostgebieten und übriggebliebene Militärpferde finden kein ausreichendes Futter mehr und daher den Weg ans Schlachtermesser.

Ein großes Problem ist die Beschaffung von Schuhen, besonders für wachsende Kinder. Unter alte, irgendwo jahrelang in einer Bodenecke verstaubte Schuhe aus hartem, ausgetrocknetem Leder werden Holzsohlen genagelt. So kann man sich bei Wind und Wetter wenigstens draußen bewegen.

Vater findet bald Arbeit in einer Autoschlosserei und kurz darauf wieder als Kraftfahrer bei der Post. Seine ersten Autos werden wegen Benzinmangels noch mit Holzgas angetrieben. Wir haben daher immer genügend Holz zum Heizen und Kochen. Sein Job als Kraftpostomnibusfahrer trägt dazu bei, dass Passagiere vom Lande Eier und Speck springen lassen, um einen der begehrten Sitzplätze für die Fahrt in die Stadt zu ergattern.

Die Mangel- und Hungerzeit nach dem Krieg überleben wir nicht unwesentlich durch die Näh- und Strickkünste meiner Mutter.

Die Devise lautet: „Aus alt mach neu!" Fallschirmseide, Decken und Militäruniformen werden in zivile Kleidung verwandelt.

Aus dem Garn von Fallschirmseilen werden Tischdecken gestrickt. Von Bauern kommt Löhnung in Form von Eiern, Speck oder Butter. Die Söhne des Molkereibesitzers aus Lübzin, Proske, bauen in Grevesmühlen mit unternehmerischem Elan eine Käsefabrik neu auf. Fortan gibt es als Nählohn für meine Mutter Harzerkäse in jeder Konsistenz von roh-weiß bis würzig-fließend mit und ohne Maden. Mit dem jüngsten, mit mir gleichaltrigen Proske-Sohn Rudi bin ich einige Zeit befreundet.

Mein Vater schlägt sich noch einmal bis nach Stettin durch, wo seine Eltern weiterhin unter polnischer Verwaltung in ihrer alten Wohnung in der Bergstraße leben. Dort hat sich ein Pole mit dem deutschen Namen Müller mit einquartiert, der sie um ihren polnischen Namen beneidet und sie mit dem Gerücht zum Bleiben animiert, die Deutschen würden wieder zurückkommen. So lehnen sie Vaters Angebot ab, sie mit gen Westen zu nehmen. 1947 werden sie von den Polen dann Hals über Kopf ausgewiesen. Opa Julius verstirbt 70jährig auf der Fahrt von Stettin in den Westen in Bad Segeberg an einem Schlaganfall, und Oma Johanna kommt zu uns nach Grevesmühlen, wohnt zunächst mit in unserer kleinen Wohnung in der Bahnhofstraße und später in einem Altersheim. Oma ist überzeugte Anhängerin der „Bibelforscher" (Zeugen Jehovas), seit ihr zweiter Sohn, Werner, mein Patenonkel, 1941 als Mitglied der Waffen-SS im „Weltanschauungskrieg" gegen die Sowjetunion sein Leben „für Führer, Volk und Vaterland" hatte lassen müssen. Von da an mochte sie von ihrem „Führer" gar nichts mehr wissen. Onkel Werner war weniger aus Überzeugung als vielmehr, um der Arbeitslosigkeit zu entkommen, bei der SS gelandet.

1947 wird langsam wieder ein eigenes Zuhause geschaffen, nachdem Proskes uns ihre Wohnung in der Bahnhofstraße 65 überlassen. Die ersten wieder eigenen Möbel kommen von in die Heimat zurückkehrenden russischen Offizieren, für deren Frauen meine Mutter oft näht.

An eine Rückkehr nach Hinterpommern ist nicht mehr zu denken. Grevesmühlen wird uns zur neuen Heimat, und ich verbringe dort entscheidende Jahre meiner Jugend.

In den ersten Nachkriegsmonaten spiele ich viel mit gleichaltrigen Kindern in Gruppen und Horden aus der Nachbarschaft. Wenn wir durch Feld und Wald strolchen, wird im Herbst häufig eine Steckrübe vom Feld „geschlachtet" und sofort verzehrt. Ich befreunde mich mit Hans Konang, *1.09.1934, einem etwa gleichaltrigen Flüchtlingsjungen und Gutsbesitzersohn aus Malwischken in Ostpreußen, der jetzt auch in der Wismarschen Straße wohnt.

Schulzeit in Grevesmühlen

1946 kommt das Schulwesen nach dem Krieg nach monatelanger Pause wieder zu neuem Leben. Ein Jahr habe ich durch die kriegsbedingte Pause verloren. Das 4. Schuljahr vollende ich in Grevesmühlen an der Fritz-Reuter-Schule bei der Lehrerin Frau Daniels.

Das 5. und 6. Schuljahr verbringe ich ebenfalls an der Fritz-Reuter-Schule in einer reinen Jungenklasse.

Fritz-Reuter-Schule Grevesmühlen

An einige Namen von Klassenkameraden kann ich mich (mit Christian Martens' Hilfe) noch erinnern:

Günter Dankert, Eberhard Dettmann, später Tischler, Karl-Heinz Drews, * 18.04.1935, später NVA-Offizier, Ingo Eggert, * 3.08.1933 Lothar Gebühr, später Arzt in Rostock, dann in Flensburg, Werner Gollub, *22.12.1934, später NVA-Offizier, Ulrich Hinkelmann, damals in den Leistungen recht durchschnittlich, später geistiger Senkrechtstarter und späterer Physik-Professor, Christian Martens, später Schmied, Kfz-Mechaniker und Maschinenbauingenieur, lebenslang in Grevesmühlen verblieben, nach der Wende Inhaber der VW-Niederlassung. Adolf Möller, Bauernsohn aus Grenzhausen, war mit mir im Jugendkreis und Posaunenchor, später Förster in Köln und 1960 bei Jörg-Michaels Taufe in Dortmund zu Gast, Heinz Moos, Erwin Nordengrün, Karl-Friedrich Nordengrün, später Maler in Delmenhorst, Rudi Proske aus Lübzin, später in Lübeck, Werner Roxin, früh verstorben, Hans-Georg Schmeling, * 1.11.1934, später in Magdeburg, Manfred Schröbler, später Torwart bei Hansa-Rostock, Klaus Schüler, später überzeugter Marxist, Günter Stappenbeck, * 2.05.1935, Kurt Weiß, später Bauingenieur, „Ganther" Wulf.

Der über 70jährige, im Krieg reaktivierte Ostpreuße Theodor Eichert wird unser Klassenlehrer. Er ist streng, aber engagiert und vermittelt uns neben einem soliden Grundwissen auch sittliche Werte. Ich habe ihm viel zu verdanken. Deutsche Sprichwörter, Balladen und Gedichte zitiert er immer wieder neu und lässt sie uns auswendig lernen. Matthias Claudius' Winterlied mochte er offenbar besonders gerne. In meiner Erinnerung assoziiere ich das „...der Winter ist ein harter Mann, kernfest und auf die Dauer. Sein Fleisch fühlt sich wie Eisen an. Er scheut nicht süß noch sauer..." mit Eicherts Bericht, er wasche sich jeden Morgen, auch im Winter, kalt und frottiere sich mit einem feuchten Handtuch den ganzen Körper.

Auch das Kartoffellied von Matthias Claudius prägt er uns ein, dass ich es heute noch auf der Zunge habe:

„Pasteten hin, Pasteten her, was kümmern uns Pasteten, die Schüssel hier ist auch nicht leer und schmeckt so gut als aus dem Meer die Austern und Lampreten. Und viel Pastet' und Leckerbrot verderben Blut und Magen. Die Köche kochen lauter Not. Ihr Herren, lasst's euch sagen: Schön rötlich die Kartoffeln sind und weiß wie Alabaster, verdau'n sich lieblich und geschwind und sind für Mann und Weib und Kind ein rechtes Magenpflaster."

Als wir das Lied von der Freiheit und dem Vaterland von Ernst Moritz Arndt bei ihm lernen, bedauert er, dass er uns nur die Verse zum Vaterland beibringen dürfe: „...o Mensch, du hast ein Vaterland, ein heiliges Land, ein geliebtes Land, eine Erde, wonach deine Sehnsucht ewig dichtet und trachtet... und wären es kahle Felsen und öde Inseln und wohnten Armut und Elend auf ihr, du sollst dieses Land ewig lieb haben...", die zur Freiheit seien ihm zu lehren verboten. Eines späteren Tages legt er mir nahe, nie Schulmeister zu werden. Da müsse ich mich zu sehr unter die jeweilige herrschende politische Meinung ducken. Am 30.07.1947, am Ende der 5. Klasse schreibt Eichert mir ins Zeugnis: „Bei stetem Fleiß und lebhafter Beteiligung am Unterricht waren die Leistungen immer gut." Bei 28 Schülern stand ich in der Klasse auf der Leistungsstufe an 7. Stelle. Neben Deutsch (Note 2) und Rechnen (2) wird auch Unterricht in Erdkunde (2), Biologie (2), Russisch (3), Zeichnen (2), Musik (2) und Körpererziehung (3), später auch Geschichte (2/3), Physik (2) und Chemie (3) erteilt. Im Fach Deutsch fühle ich mich immer einigermaßen sicher. Am 18.03.1948 erhalte ich im Kinosaal von Grevesmühlen vor der versammelten Schülerschaft nach einem Aufsatzwettbewerb unserer Schule aus Anlass der 100jährigen Wiederkehr der bürgerlichen Revolution von 1848 für den besten Aufsatz zu diesem Thema eine Auszeichnung in Form einer Urkunde. In Ermangelung von Russischlehrern werden alle möglichen und unmöglichen Personen als Lehrer eingestellt, die über russische Sprachkenntnisse, aber nicht unbedingt über pädagogische Fähigkeiten verfügen. Von der Sorte ist auch mein erster Russischlehrer. Wir müssen einige russische Liedtexte und Sprichwörter lernen, um im Falle einer Unterrichtskontrolle unsere Künste unter Beweis stellen zu können. Besser verhält es sich da schon bei unserer nächsten, recht russisch wirkenden Russischlehrerin, die wir „Babuschka" nennen. Aber nun fehlt mir das Grundwissen, um den Anschluss zu finden. Als ich auf Veranlassung Eicherts mit einigen Jungen meiner Klasse, später als andere Mitschüler, auf die Oberschule wechsele, fällt mir der Anschluss im Fach Russisch besonders schwer. Der Aufenthalt an der Oberschule dauert allerdings nur ein knappes Jahr. Dann werden alle unteren Klassen geschlossen an die „Deutsche Einheitsschule – Grundschule" verlegt.

Geschwister-Scholl-Schule

Wir kommen zur „Geschwister-Scholl-Schule", wo wir die 7. und 8. Klasse zusammen mit unseren mitgewechselten Lehrern von der Oberschule, Frau Zellner (Russisch) und Fräulein Wiggers (Deutsch) durchlaufen.

Zu meiner Klasse gehören Anneliese Arendt, * 10.1934, Ilse Au / Maaß, * 12.1934, später in Bad Bramstedt lebend, Walter Brüdigam (lebt nicht mehr), Hilke Carstensen, * 14.10.1934, später in Hamburg(?), Helga Deprie, * 31.12.1934, Edith Ebell / Bindernagel, später in Rostock-Lüttenklein lebend, Ingrid Freitag, später Lehrerin in Grevesmühlen, Marianne Grönecke, später in Rostock lebend, Wolfgang Hartmann, später als Chemie-Dozent in Chemnitz lebend, Gerda Höckrich, *21.09.1934, verheiratete Rinnert, lebte weiter in Grevesmühlen, Rotraud Hoffmeister, soll früh geheiratet haben und im Westen leben, Ilse Kelling, später in Hamburg (?), Karin Knakowski, * 1934, (lebt nicht mehr), Renate Krimlowski; * 30.12.1934, Ulrich Liebsch, soll später in der Nähe von Frankfurt/M. gelebt haben, Jochen Luckmann, lebte später in Hamburg-Rissen, wo ich ihn einmal besuchte, Christa Lüttjohann, mit Wolfgang Manja in Grevesmühlen verheiratet, Christian Martens, selbständiger Kfz-Mechanikermeister und Maschinenbauingenieur in Grevesmühlen, Horst Nagler, *7.08.1934, war Bilanzbuchhalter in Esslingen, später Rentner in Stralsund, Inge Neumann, * 23.08.1934, Marianne Pieplies, in Grevesmühlen verheiratet, Siegrid Raabe, Sabine Rabe / Schneider, Anke Reiher, in Schwerin mit einem Arzt verheiratet, Peter Reiher, * 14.10.1933, später Zahnarzt in Gerolshofen, Werner Roxin, später Dachdecker (tödlich verunglückt), Dorothea Saborowski, Verkäuferin, Ivar Veit, aus dem Baltikum stammend und zeichnerisch besonders talentiert, später Akustik-Professor in Rüsselsheim. Mit ihm habe ich immer mal wieder über Telefon oder eMail Kontakt.   Er ist in seiner lettischen Heimat immer noch stark engagiert.

mit Ivar Veit zusammen beim Landesposaunentag in Rostock

Hans-Jürgen Wagenknecht, Lieselotte Wilms, * 22.4.35, später bei München lebend, Klaus Winter, späterer Kameramann beim DDR-Fernsehen.

Klasse 7 vor der Geschwister-Scholl-Schule

Am 28. April 1949, meine Mutter ist 38, ich 14 Jahre alt, wird meine Schwester Karin als Ersatz für die verstorbene Schwester Inge-Lore in Grevesmühlen geboren. So bin ich künftig nicht mehr das einzige Kind meiner Eltern. Allerdings werde ich schon bald nur noch an den Wochenenden Kontakt zu meiner Schwester haben.

mit Schwester Karin

Wegen der bereits erwähnten Beckenverengung bei meiner Mutter war auch dies wieder eine Kaiserschnittgeburt. Die Ärzte rieten ihr damals, bis zum nächsten Kind jeweils sieben Jahre zu warten.

Vater Karl mit Karin

Zu der Zeit verdiene ich mir ein kleines Taschengeld, indem ich zusammen mit meinem Freund Hans Gottschalk wöchentlich einmal abends bei einem Damenclub in Knochenarbeit Kegel aufstelle. Einen zweiten Job nehme ich für zweimal wöchentlich für je zwei Stunden am Nachmittag bei einem Seilermeister an, dem ich in seiner Reeperbahn helfe, Hanfseile in verschiedener Länge zu drehen.

Zum Abschluss der 8. Klasse haben wir eine Schulabschlussprüfung zu bestehen. Da mir Sprachen nicht liegen, die zu erlernen Voraussetzung für ein Theologiestudium wäre und ich deshalb Diakon werden will, dazu kein Abitur, wohl aber einen abgeschlossenen Beruf benötige, zum Besuch der Oberschule aber auch entsprechende „gesellschaftliche Voraussetzungen" wie politische Anpassung verlangt werden, verlasse ich die Schule nach der 8. Klasse.

In dem mittleren Haus in der Bahnhofstraße 65 in Grevesmühlen (Meckl) wohnte ich während meiner Schulzeit mit meinen Eltern nach dem Kriege seit 1947 im Obergeschoss. Später kauften meine Eltern das Haus.

Ich will zunächst Zahntechniker lernen und bekomme auch eine Lehrstelle bei einem kleinen Privatbetrieb. Dort habe ich den Eindruck, dass mein Lehrherr voll mit mir zufrieden ist. Nach vier Wochen, erklärt er mir plötzlich, ich eigne mich nicht für den Beruf und müsse innerhalb der Probezeit wieder gehen. Das trifft mich hart und wirft mich in starke Minderwertigkeitsgefühle. Kurz darauf wird mir berichtet, der Vater einer Klassenkameradin, die schulisch recht schwach war, habe auf Grund guter Beziehungen zu meinem Zahntechniker nachgeholfen, dass seine Tochter als Lehrling eingestellt wird. Einen

Lehrling konnte der gute Mann aber nur gebrauchen, so dass ich im Wege war.

Kapitel 3: Mein Weg zur Kirche

Bis zu meinem 10. Lebensjahr habe ich außer der mir unbewusst gebliebenen Taufe als Säugling in der Bugenhagenkirche (heute dem polnischen Nationalheiligen St. Adalbert gewidmet) in Stettin zu Christentum und Kirche keine Beziehung.

Bugenhagen-Kirche in Stettin

Mein Vater ist kirchlich völlig uninteressiert, meine Mutter keine besonders „fromme" Frau, geht aber des Öfteren in die Kirche und betet abends mit uns Kindern am Bett.

Als wir nach der Flucht in Grevesmühlen in Mecklenburg landen, dauert es etwa ein Jahr, bis sich das öffentliche Leben wieder soweit stabilisiert, dass die Schulen ihren Betrieb neu aufnehmen. In diese Leere hinein stößt die kreative Aktivität zweier aus dem Osten Deutschlands geflüchteter christlich-pietistischer Männer, Diakon Heydeck und Alexander Kuschfeld, die den Kindergottesdienst in der Grevesmühlener Kirche aktivieren.

Als offizieller Seelsorger amtiert in Grevesmühlen der alte, kleine und schlanke, weißhaarige und sehr würdevolle Propst Münster, der unter normalen Verhältnissen schon längst im Ruhestand gewesen wäre, aber durch den Krieg und seine Folgen noch sein Amt ausfüllt, weil die wehrfähigen Männer „im Felde" und später in Kriegsgefangenschaft weilen, es Frauen im Pfarramt damals noch nicht gibt, allenfalls hier und da mal eine Vikarin.

Der alte Propst ist mit Sonntagspredigt in leisem, schon etwas müdem Tonfall, vielen Kasualien und Konfirmandenunterricht in riesigen Gruppen voll ausgelastet und hätte für Kinder- und Jugendarbeit weder Kraft und Zeit noch Charisma.

Dieser damalige Altar wurde inzwischen durch einen anderen ersetzt

Der zweite Pastor, Friedrich Wilhelm Gasse, ist noch jahrelang in russischer Kriegsgefangenschaft. Als meine Mutter die Einladung zum Kindergottesdienst im Schaukasten der Kirche sieht, ermuntert sie mich, dieses Angebot „Sonntagsschule" zu besuchen.

Kanzel

alter Taufstein unter dem Turm

Orgel-Spieltisch

   Kuschfeld und Heydeck wirken mit ihrem Kindergottesdienst recht engagiert und segensreich. Jeden Sonntag
versammeln sie etwa fünf bis zehn Dutzend Kinder in der
Kirche.
   Sie haben einen Kreis von Helfern, die in nach Alter dif-
ferenzierten Untergruppen die biblischen Texte erzählen
und in kindgemäßer Weise interpretieren. Jedes Kind
bekommt eine Sammelmappe aus Pappe, in die hekto-
graphierte Liedertexte und Bilder zu biblischen Geschichten geheftet sind, die Sonntag für Sonntag neu verteilt
werden. Ich gehe jeden Sonntag regelmäßig und gerne
in den Kindergottesdienst und singe begeistert die pietis-
tischen, oft aus England stammenden Lieder, zum Beispiel: „Wenn wir zieh'n, von Sünden frei und rein, in das

gelobte Kanaan ein. Jesus, sieh her, ich komm!" oder „Singt froh dem Herrn, ihr jugendlichen Chöre." Die fromme Saat fällt bei mir auf fruchtbaren Boden und geht auf. Später werde ich selber fleißiger Kindergottesdiensthelfer.

Kirchplatz mit Gemeindehaus

Zur Zeit des Vorkonfirmandenunterrichts folge ich einer Einladung zu den Gruppenstunden der kirchlichen Jugend, die zunächst ein Diakon Heydeck, später der Gemeindediakon Karl Fischer leitet. Fischer ist kein besonders „frommer" Mann, etwas derb, raubeinig und polterig. Er stammte aus dem Schwarzwald, hatte im Rauhen Haus in Hamburg die Diakonenausbildung durchlaufen und dann eine Stelle als Volkspfleger bei der Jugendbehörde in Hamburg gefunden. Da seine Frau aus Reppenhagen, einem Dorf bei Grevesmühlen stammte, war er nach Kriegsende nach Grevesmühlen verschlagen worden und hatte sich dort für einige Jahre als Gemeindediakon verdingt. In den Gruppenstunden erzählt er uns ausgiebig von seinen Kriegserlebnissen in Frankreich und seinen Nahkampfkontakten mit amerikanischen Soldaten. In den Dörfern rund um Grevesmühlen hält er Gottesdienste. Auf den Fahrten dorthin begleite ich ihn öfter zusammen mit anderen Jugendgruppenmitgliedern. In dem Jugendkreis lerne ich Hans Gottschalk kennen, mit dem ich mich intensiv anfreunde und jahrelang eng verbunden bleibe. Mit Karl Fischer unternehmen wir mit etwa neun Jungen, darunter Dieter Polster, Horst Nagler, Hans-Georg Schmeling und Hans Gottschalk, einen Zweitageausflug zur Ostseesteilküste in Brook und übernachten unterwegs in Reppenhagen bei einem Förster auf einem Heuboden. Es ist ein prägendes gemeinschaftsbildendes Erlebnis.

Karl Fischer – ganz hinten stehe ich – Dieter Polster – Horst Nagler – Hans-Georg Schmeling = unten Mitte – Hans Gottschalk = ganz rechts

Singen und Gemeinschaftserlebnis, die Gefühlsebene ansprechende Aktionen sind es vor allem, die mich in christlich-kirchliche Gruppen einbinden. Wir üben Krippenspiele und Verkündigungs-Laienspiele ein und führen sie vor. Einige Male übernehme ich Hauptrollen, so im Krippenspiel als „Josef" oder in dem Spiel „Die Trossbuben", das wir mehrmals in der Kirche in Grevesmühlen vor vollem Hause und auch in Dorfkirchen in der Nachbarschaft aufführen.

hinten links: Jürgen Ruszkowski –
hinten Mitte: Karl Fischer
Dieter Polster: Mitte ganz rechts –
Horst Nagler – unten ganz rechts
Hans-Georg Schmeling = unten Mitte –
Hans Gottschalk = unten ganz links

Klaus-Dieter Schröder – der Autor ganz hinten Mitte
Dieter Polster – Horst Nagler –
Hans-Georg Schmeling = unten Mitte –
Hans Gottschalk = ganz rechts

Karl Fischer geht dann wieder nach Hamburg zurück, weil er dort bei der Jugendbehörde wieder seine Stelle als Jugendfürsorger übernehmen kann. 1953 besuche ich ihn in Hamburg, wie später zu lesen wein wird, auf der Durchreise von Westerland nach Westfalen und werde von ihm ermuntert, mich im Rauhen Haus zu bewerben. Noch nach seinem Tode hatte ich – selbst bereits im Ruhestand – noch einmal Kontakt zu seinem Sohn Karl Fischer junior, im obigen Bild vorne rechts mit Ball.

Die Nikolai-Kirche in Grevesmühlen

Im Konfirmandenunterricht bei Propst Münster, der damals bei den starken Geburtsjahrgängen riesige Gruppen zu unterweisen hat, werden noch in herkömmlicher Weise große Teile des Kleinen Katechismus, Psalmen und Choralverse auswendig gelernt.

Da in der sowjetischen Besatzungszone kein Religionsunterricht in der Schule erteilt werden darf, stellt die Kirche Katecheten an und organisiert selber die „Christenlehre", an der auch ich teilnehme.

Alexander Kuschfeld – Willi Gottschalk

Willi Gottschalk, Hans' Vater, ein aus Westpreußen stammender gläubiger Pietist, gründet zusammen mit Kuschfeld einen Posaunenchor, in dem auch ich das „Tröten" lerne, zunächst auf einem Tenorhorn, später mit der Zugposaune.

Posaunenchor

Mitglieder des Posaunenchors

Alexander Kuschfeld spielt Piston, Hans Gottschalk Flügelhorn und später Tuba.

Der von Willi Gottschalk – ganz links – gegründete Jugendchor

Ich singe in einem von Willi Gottschalk gegründeten Jugendchor mit.

Eine der Katechetinnen, Fräulein Stolz, gründet einen Blockflötenkreis und bringt mir die Flötentöne bei.

Zur Konzertreife werde ich es nicht bringen, aber ich kann mir unbekannte Melodien erarbeiten und zu Weihnachten das Singen gebleiten. Später werde ich mir noch eine Tenorflöte anschaffen, mit der heute meine Enkelin übt.

So werde ich ein frommer Knabe und noch frommerer Jüngling. Hans Gottschalk will Pastor werden, ich voll jugendlicher Begeisterung Missionar.

zusammen mit Hans Gottschalk um ca. 1952

Dobbertiner Bruderschaft

Vom 11. bis 16. April **1949**, in der Karwoche, findet auf dem Michaelshof in Rostock-Gehlsdorf eine „Rüstzeit" der „Dobbertiner Bruderschaft" statt.

Der mecklenburgische Landesjugendpastor **Wellingerhof** (kurz P.W. genannt) hatte alle jungen Männer eingeladen, die sich mit dem Gedanken trugen, als Pastoren oder in anderen kirchlichen Berufen in den hauptamtlichen Dienst der Kirche zu treten. In meiner damaligen pubertären Phase will ich Missionar werden.

Über den Diakon Karl Fischer erhalte ich auch die Einladung des mecklenburgischen Landesjugendpfarramtes in Schwerin zu dieser Freizeit: Zusammen mit Hans Gottschalk, Klaus-Dieter Schröder und Joachim Albrecht aus Grevesmühlen fahre ich einen Tag nach meiner Konfirmation am Sonntag Palmarum, dem 10. April 1949, zu dieser Rüstzeit nach Gehlsdorf. Ich bin einer der jüngsten Teilnehmer.

Aus dem gehaltvollen Programm: Morgendlicher Betkreis, tägliche „Morgenwache" (Andacht),   jeweils von einem der älteren Teilnehmer gehalten, Bibelarbeiten über Passionstexte aus dem Johannesevangelium, Vorträge: z.B. Professor Dr. Dörner: „Glauben an Jesus Christus in der Gegenwart", Oberkirchenrat de Boer: „Wie finde ich den Weg zu Jesus Christus?", Landesbischof Dr. Beste: „Die Aufgaben der Kirche", Pastor Stark, Leiter des Michaelshofes, über „die Innere Mission" und Rundgang über den Michaelshof, oder auch über „moderne Biologie" oder „moderne Physik" von jeweils einem älteren Teilnehmer, vorlesen eines Passionsspiels, gemeinsames Singen, Teilnahme an der Bach'schen Matthäuspassion in der Rostocker Marienkirche, Besuch der theologischen Fakultät der Universität Rostock, tägliche Abendandacht.

Rostock 1951 von Gehlsdorf aus von mir skizziert

Diese Woche in der Gemeinschaft bewusster junger Christen, darunter eine ganze Reihe mecklenburgischer Pastorensöhne, hat mich stark beeindruckt und geprägt.

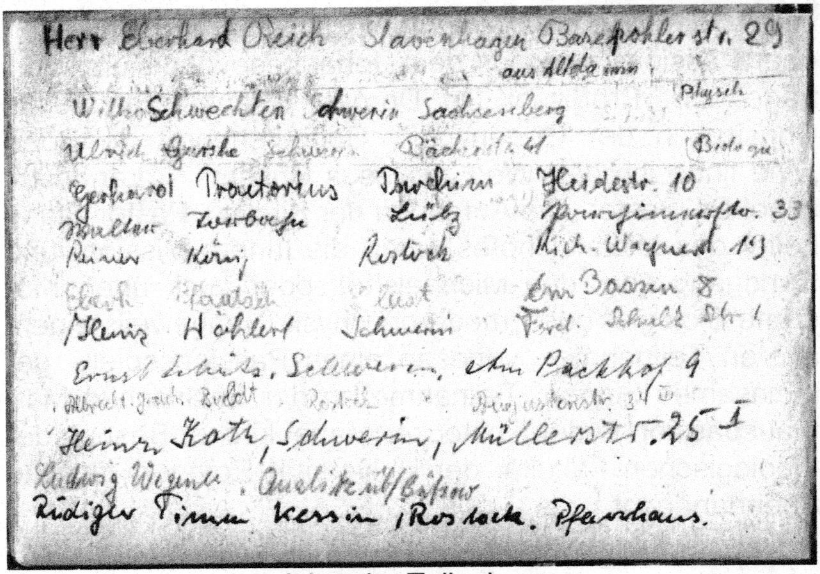

einige der Teilnehmer

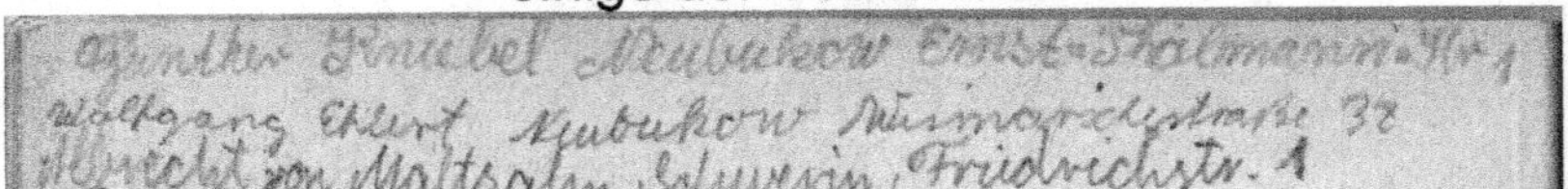

einige der Teilnehmer

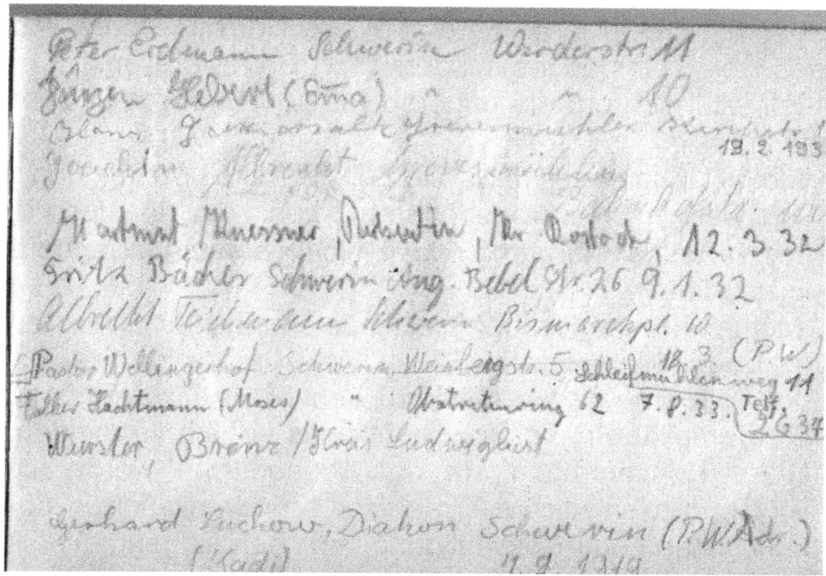

PW hatte für die ‚Dobbertiner Bruderschaft' eine Lebensordnung formuliert, die ich damals sehr ernst nahm und über lange Zeit zu verinnerlichen versuchte:

Alle Brüder wollen sich mit Gottes Hilfe dieser Lebensordnung befleißigen:

Ich will mein Leben fest auf das Wort des Herrn Jesus Christus gründen und ohne Furcht seinen Namen bekennen.

Ich will Gottes Gebote mit Ernst befolgen.

Ich will meine Eltern lieben und ehren und ihnen gehorsam sein.

Ich will meinen Leib in Zucht nehmen und aller Unsauberkeit in mir und um mich herum den Kampf ansagen.

Ich will schlicht und wahr sein und Lüge und Angebertum in mir täglich bekämpfen.

Ich will meiner Kirche die Treue halten und Gottesdienst und Jugendkreis nicht ohne Not versäumen.

Das heilige Mahl soll mich stets auf Neue mit meinem Herrn verbinden.

Ich will meinen Tag unter die Zucht des Gebetes und des steten Umganges mit dem Wort Gottes stellen.

Ich will mich um die anderen Brüder kümmern und für sie da sein.

Mein Nächster soll mich alle Zeit zur Hilfe bereit finden.

Ich weiß mich zu besonderem Dienst an der Jugend meines Volkes gerufen und will nicht versäumen, andere einzuladen.

Meine äußere Haltung soll meinem Ziel entsprechen und vorbildlich sein.

Ich will lernen, wesentlich zu denken und zu handeln. Alle Zersplitterung in Unwesentliches will ich vermeiden. (Diese Konzentration auf das Wesentliche werde ich nicht nur in geistlicher Dimension, sondern auch in der praktischen Lebensbewältigung stets beherzigen.)

Matthäus 16,26: „Was hülfe es dem Menschen, so er die ganze Welt gewönne und nähme doch Schaden an seiner Seele?

* * *

Besondere Erlebnisse sind die Landesjugendtage in **Güstrow**, zu denen Tausende junger Leute aus ganz Mecklenburg jährlich zusammenkommen, so am 19. Juni **1949**.

Glieder der Jungen Gemeinde Grevesmühlen

Von Grevesmühlen aus fahren wir in einer Gruppe mit einem Lastkraftwagen um 6 Uhr früh ab, um gegen 8:50 Uhr in Güstrow zu sein.

auf der Bühne: PW – Bischof D. Dr. Niklot Beste – Singemeister

Gottesdienste in Dom und Pfarrkirche mit Predigten bekannter Theologen aus ganz Deutschland, gemeinsames Singen im Garten der Superintendentur, Verkündigungsspiel auf dem Domplatz: „Glaube und Heimat".

Verkündigungsspiel

1950 findet wieder ein Landesjugendtag in Güstrow statt, an dem wir mit etwa 30 Jungen und Mädchen aus Grevesmühlen teilnehmen.

Glieder der Jungen Gemeinde Grevesmühlen mit Karl Fischer

Glieder der Jungen Gemeinde Grevesmühlen mit Vikar Romberg

Mehrere Tagestreffen der Dobbertiner Bruderschaft im Gemeindehaus der Schelfkirche in der Puschkinstraße in Schwerin vertiefen die Erlebnisse der Karwochen-Freizeiten, so am Buß- und Bettag **1949** (16. November) mit Teilnahme am Gottesdienst in der Schelfkirche, Bericht von Pastor Voß über die „Kessiner Bruderschaft" und Teilname am Aussprachenachmittag der Schweriner Jugendkreise im Wichernhaus.

Ein zweites solches Treffen findet am 23.12.**1950** von 9 bis 18 Uhr statt, mit Morgenwache, Bibelarbeit, Vortrag des Landesbischofs Beste über „Probleme unserer Kirche in der Gegenwart" und Berichten von Theologiestudenten.

Vom 3. bis 8. April **1950** weile ich zum zweiten Male zusammen mit Hans Gottschalk zu einer Karwochen-Rüstzeit der Dobbertiner Bruderschaft für kirchlichen Berufsnachwuchs auf dem Michaelshof in Rostock-Gehlsdorf.

Während meines Aufenthaltes in Schwerin nehme ich weiterhin rege am Leben der Jungen Gemeinde teil.

Am 18. November **1951** notiere ich: „Heute fand ein beachtenswertes Ereignis statt: Es wurde nämlich der erste Schritt zur Konstituierung eines Landesjugendkonvents in Mecklenburg getan. Um 15 Uhr trafen sich alle Jungen und Mädchen aus Schwerin, die einen Jugendkreis leiten, und aus jedem Kreis noch zwei weitere Vertreter. Ich durfte dabei sein. Aus 8 Kandidaten, vier Mädchen und vier Jungen, wurden vier Jugendliche gewählt, die beim Landeskonvent die Junge Gemeinde Schwerins vertreten sollen. Der Jugendkonvent der Stadt Schwerin soll künftig in regelmäßigen Abständen zusammentreten, um wichtige Fragen, die die Jugend bewegen, sowie allerlei praktische Dinge zu besprechen. Heute standen folgende Punkte auf der Tagesordnung: Junge Gemeinde und Gottesdienst, Monatsrüste, Jugendtage im Jahre 1952, Jugendwoche im Februar 1952. Fragen der Jugendarbeit in unserer Kirche werden künftig also in wesentlichen Punkten von den Jugendlichen mit entschieden."

Im Dom treffen wir uns jeden Morgen zur ‚Morgenwache' und einmal monatlich zur ‚Monatsrüste' vor dem Hochaltar.

Das am häufigsten gesungene Lied er jungen Gemeinde:

> Herr, wir stehen Hand in Hand,
> die dein Hand und Ruf verband,
> steh'n in deinem großen Heer
> aller Himmel, Erd und Meer. –
>
> Welten steh'n um dich im Krieg
> gib uns Teil an deinem Sieg.
> Mitten in der Höllen Nacht
> hast du ihn am Kreuz vollbracht. –
>
> In die Wirrnis dieser Zeit
> fahre, Strahl der Ewigkeit;
> zeig den Kämpfern Platz und Pfad
> und das Ziel der Gottesstadt.–
>
> Mach in unsrer kleinen Schar
> Herzen rein und Augen klar,
> Wort zur Tat und Waffen blank,
> Tag und Weg voll Trost und Dank.–
>
> Herr, wir gehen Hand in Hand,
> Wandrer nach dem Vaterland;
> lass dein Antlitz mit uns geh'n,
> bis wir ganz im Lichte stehn.

Vor diesem neugotischen Altar standen bei der Monatsrüste
einige Zig Jugendliche aus Schwerin im Halbkreis zusammen

Der Schweriner Dom innen

Während meiner Zeit in Schwerin erlebe ich in der voll-
besetzten Schelfkirche live **Albert Schweitzer** anlässlich
eines Vortrages.

„Bundesarchiv Bild 183-D0116-0041-019, Albert Schweitzer" von Bundesarchiv, Bild 183-D0116-0041-019 / Unbekannt / CC-BY-SA 3.0. Lizenziert unter CC BY-SA 3.0 de über Wikimedia Commons - https://commons.wikimedia.org/wiki/File:Bundesarchiv_Bild_183-D0116-0041-019,_Albert_Schweitzer.jpg#/media/File:Bundesarchiv_Bild_183-D0116-0041-019,_Albert_Schweitzer.jpg

Schelfkirche innen – auf dieser Kanzel hatte ich Anfang der
1950er Albert Schweitzer live bei einem seiner Vorträge
gegen die atomare Aufrüstung erlebt

Zu dieser Zeit lese ich mit Begeisterung und großem
Gewinn das uns von P.W. empfohlene Buch „Las Casas
vor Karl dem V.", in dem von dem engagierten Eintreten
des sensiblen spanischen Dominikanermönches für die
Rechte der indianischen Völker und gegen die Unterdrü-

ckung und Ausrottung durch die Konquistadoren berichtet wird. Auch Hans-Otto Wölbers neunteilige Reihe „Studienblätter für evangelische Jugendführung" arbeite ich mit Interesse durch. Damals ahne ich noch nicht, dass Wölber mal mein Dozent für Methoden der Jugendarbeit im Rauhen Hause sein wird und ich Gemeindediakon bei ihm am Klosterstern in Hamburg. Regelmäßig beziehe und lese ich auch die Zeitschrift der Jungen Gemeinde „Die Stafette".

Kirchentag in Berlin 1951

Auf der Hinreise mitt der Bahn

Zusammen mit vielen Jugendlichen aus Schwerin und einigen Freunden aus Grevesmühlen nehme ich im Juli 1951 am legendären Deutschen Evangelischen Kirchentag in Berlin teil, der noch gesamtdeutsch über die Sektorengrenzen hinweg gefeiert wird.

Ankunft am Zirkus Barlay

Der Kirchentag ist ein überwältigendes Ereignis – nicht nur für mich.

Die Veranstaltungen finden in der ganzen Stadt – in allen Sektoren – statt, im Walter-Ulbricht-Stadion im Osten oder im Olympiastadion im Westen Berlins.

Walter-Ulbricht-Stadion

Olympiastadion von außen

im Olympiastadion

Berlin hat schon viel erlebt, aber so etwas noch nicht: Überall, wo größere Menschenmengen versammelt sind, wo gewartet werden muss, auf U- und S-Bahnhöfen, auf Straßen und Plätzen, werden spontan Choräle und Kanons gesungen.

Der Geist und die Atmosphäre dieses ersten Berliner Kirchentages sind einmalig. Am Freitag, dem 14. September 1951, notiere ich rückblickend:

„Der Kirchentag war ein einzigartiges Erlebnis. Man kann sich in einen Israeliten der Zeit Christi versetzen, der zusammen mit vielen tausend Gleichgesinnten zu Festzeiten nach Jerusalem zum Tempel pilgerte. Leider klappte die geplante Radfahrt nicht, da ich in der Woche vorher eine Panne am Rad hatte und kein Fahrradmonteur die Reparatur annahm. So fuhr ich mit dem Sonderzug der Deutschen Reichsbahn und konnte auch mein Tenorhorn mitnehmen, was ich nicht bereue. Durch den Dienst als Bläser konnte ich zwar manche Veranstaltung nicht besuchen, zu der ich sonst gerne gegangen wäre, dafür hatte ich beim Blasen in den großen Chören segensreiche Erlebnisse. Besonders schöne Erinnerungen habe ich an die Jugendkundgebung im Walter-Ulbricht-Stadion und an den Vortrag von Pastor Wilhelm Busch in einer der Messehallen am Funkturm.

Messegelände am Funkturm

Wir Mecklenburger übernachten in einem Zeltlager im Grunewald im Jagen 61.

Jugendtreffen im Grunewald

Lagerleitung: Eberhard Brösel – Jürgen Hebert („Emma') – PW

Beim Mittagessen aus Vaters Militär-Kochgeschirr

Täglich fahren wir mit der S-Bahn zu den großen Veranstaltungen in die Stadt.

Posaunenbläser

Von der Abschlusskundgebung hatte ich leider nicht so viel, da die Posaunenbläser in drei riesige Chöre aufgeteilt waren und mein Chor auf dem Maifeld blies, während die Kundgebung im überfüllten Olympiastadion stattfand und per Lautsprecher zu uns übertragen wurde."

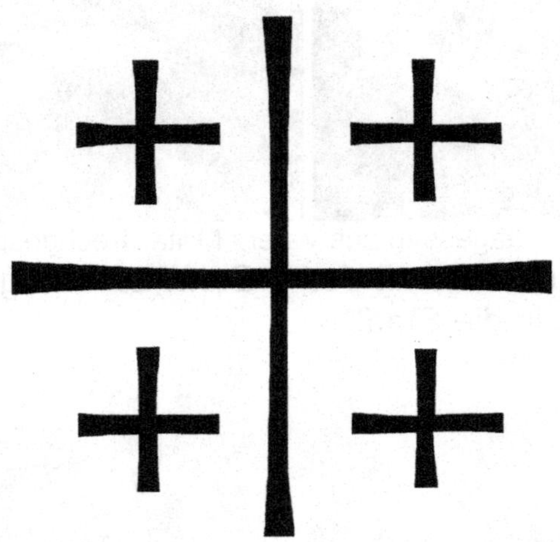

Als wir nach Mecklenburg zurückfuhren, ahnte ich noch nicht, dass ich zwei Jahre später wieder in Berlin weilen würde – mehr dazu später.

Kapitel 4: **Leitbilder**

Während meiner frühen Jugend sind vier hauptamtliche Kirchenmänner, alle im Alter um die 30 herum, für mich prägend: Der bereits erwähnte Friedrich Franz **Wellingerhof**, damals gängige Kurzbezeichnung: PW, der als Landesjugendpastor für ganz Mecklenburg, aber besonders auch im Stadtbereich Schwerin segensreich wirkt. Ein Mann tiefer Frömmigkeit und praktischen zeitnahen Handelns. Er hinterließ tiefe Spuren in der Kirche von Mecklenburg. Wellingerhof holte mehrere sehr befähigte Neinstedter Diakone nach Schwerin.

Friedrich Franz Wellingerhof –

Sein Vater war Diakon des Stephanstiftes Hannover und offenbar um 1912 herum Hausvater der Herberge zur Heimat in der Hartestraße 21 in Rostock, gleichzeitig mit dem dortigen Lesezimmer die erste Seemannsmissionsstation in Rostock.

rechts außen: Pastor Friedrich Franz Wellingerhof –
links: Diakon Eberhard Brösel

Von herausragender Bedeutung für mich als Leitbild ist Diakon Gerhard **Luckow**, den ich als meinen geistlichen Vater betrachte, und der Anfang der 1950er Jahre das Amt des Landesjugendwarts für Mecklenburg ausfüllt, später in Güstrow ein Lehrlingsheim übernimmt, dann in Berlin für die Innere Mission wirkt und zuletzt ein großes Heim für Behinderte in Templin leitet. In einer Patengemeinde in Ostberlin, die ich später von Soest aus betreue, wohnt auch Diakon Gerhard Luckow, den ich in Berlin mit Monica zusammen auch einmal besuche.

Neinstedter Diakone Gerhard Luckow – Eberhard Brösel

Er arbeitet in den 1960er Jahren in Ostberlin für das Diakonische Werk. Jahrelang verwalte ich für ihn ein Westgeldkonto und schicke ihm davon nach Wunsch und Bedarf Kleidung und Haushaltsgeräte für seine große Familie.

Später geht Luckow als Leiter einer Behinderteneinrichtung nach Templin. Zu der Zeit habe ich aber kaum noch Kontakt zu ihm. Einige Monate nach seinem Tode schreibt mir seine Witwe Helga aus Templin:

„...Es ist nun schon viele Monate her, seit wir meinen Mann auf dem Friedhof des Waldhofes begruben. Sie wissen vielleicht, dass mein Mann von 1971 bis zu seinem ersten Herzinfarkt im Jahre 1980 den Waldhof leitete, eine psychiatrische Pflege- und Fördereinrichtung mit 200 Betten. Da Sie meinen Mann kannten, können Sie sich sicher vorstellen, wie er diese Arbeit getan hat: ‚Entweder Ihr gebt mir Geld und Möglichkeit zu bauen oder Ihr macht das Haus zu!' So hieß es 1971. Es waren gute und harte Jahre. Die Arbeit meines Mannes hat ihre Spuren hinterlassen. In den letzten Jahren nach seiner Invalidisierung hat er endlich das tun können, was ihm nie möglich war und ihm doch so sehr am Herzen lag: Er konnte sich um den einzelnen Heimbewohner kümmern, der zu ihm kam...“

Beim Kochen der Erbsensuppe auf offenem Feuer vor dem „Kraal“ in Zapel bei Crivitz während einer Kurzfreizeit mit dem Schweriner Berufstätigenkreis mit Eberhard Brösel (Mitte mit heller Bluse) und Bernhard Kränz (rechts gebückt stehend)

Zwei weitere Neinstedter Diakone sind zu nennen: Eberhard **Brösel**, Stadtjugendwart für Schwerin, der etwa 1952 plötzlich Hals über Kopf in den Westen fliehen muss, nachdem er vier Monate lang wöchentlich im Arsenal von Stasioffizieren verhört und bedroht worden war.

Arvid Schnauer – später Pastor in Rostock – schreibt über Brösel:

„...fuhren wir beide zu seiner Wohnung (Schleifmühlenweg), wo er mich verbinden wollte.

Mit Staunen erlebte ich, dass er mit einem Schraubenzieher das Türschild um das Schloss seiner Wohnungstür versetzte, um überhaupt mit dem Schlüssel hineinzukommen und aufzuschließen. Ich fragte ihn, warum er das täte und erfuhr, dass das eine Vorsichtsmaßnahme sei, um zu verhindern, dass „irgendwelche Menschen" in seine Wohnung eindrängen. Natürlich fragte ich als Jugendlicher neugierig weiter, weil mir das so unwahrscheinlich vorkam, und musste erlebten, wie dieser kräftige und sportliche Mann (er hatte vorher wohl bei einem Verein in Hamburg Handball gespielt!) anfing, zu weinen und mir erzählte, dass er seit Wochen nachts abgeholt würde (von der Polizei), und sie wollten, dass er Namen nennen solle von Jungen, die zur Jungen Gemeinde gehörten. Ich begriff – weil er nicht bereit war, unsere Namen, meinen Namen zu nennen, weiterzugeben (damals liefen Informationen also noch so einfach und direkt!), wurde er systematisch am Schlafen gehindert und so einfach fertiggemacht.

Wie tief mich die Gemeinheit dieses Vorgehens und die Haltung von Herrn Brösel beeindruckte, kann man sich vorstellen. So wurde dieser Mann für mich zu einem der Vorbilder, die ich in der Kirche kennengelernt habe.

Diakon Brösel hat dann wohl noch versucht, durch einen Ortswechsel nach Rostock (Toitenwinkel?) den

Nachstellungen zu entgehen und weiterzuarbeiten, und als er auch in Rostock sofort wieder nachts abgeholt wurde, ist er, wie ich dann hinterher erfuhr, in einer abenteuerlichen Autofahrt in den Westen gebracht worden..."

Er leitet in Südwestdeutschland zunächst ein Heim für Fremdenlegionsflüchtlinge und arbeitet jahrzehntelang im Schwarzwald führend in der christlichen Jugenddorfbewegung, zuletzt 24 Jahre in Altensteig, wo der Vater von 7 Kindern und Opa von 10 Enkeln später seinen Ruhestand verbringt. Er ist inzwischen verstorben. Brösel wird in Schwerin als Stadtjugendwart von Bernhard **Kränz** abgelöst, der später als Gemeindediakon zu PW nach Gnoien geht und darnach eine Pfarrstelle in dem kleinen Dorf Lübsee zwischen Schönberg und Grevesmühlen übernimmt, wo ich ihn in den 1960er Jahren auch mal zusammen mit Monica besuche.

Während der Rüstzeiten der Dobbertiner Bruderschaft in Rostock-Gehlsdorf für Jungen, die sich mit dem Gedanken tragen, einen kirchlichen Beruf zu ergreifen, begegne ich erstmals Gerhard Luckow, dem damaligen mecklenburgischen Landesjugendwart, der mir als Jugendlicher Identifikationsfigur wird, den ich später als meinen geistlichen Vater betrachte und der den Wunsch in mir wachsen lässt, selber Diakon zu werden.

In Mühlen-Eichsen, einem kleinen Dorf zwischen Grevesmühlen und Schwerin erlebe ich als 14jähriger „Knabe" in einer Gruppe Gleichaltriger einige Monate nach meiner Konfirmation vom 29.07. bis 4.08.**1949** eine Freizeit unter Leitung Gerhard Luckows und seines Assistenten Hans Reinke (Dobbertiner Bruderschaft) im Pfarrhaus des seinerzeit dort amtierenden kinderreichen Pastors Hannes Lietz (später Propst in Grevesmühlen). Die Freizeitlosung heißt: „Sieger müssen bei Christus sein", nach dem Refrain des in dieser Freizeit erlernten und immer wieder gesungenen Liedes:

„Heiß das Blut, das die Adern durchrauscht,
kalt der Wind, der das Fahnentuch bauscht,
heiß oder kalt, ja oder nein,
niemals wollen wir lauwarm sein. –
Fest den Blick in das Dunkel gespannt.
Frei das Herz und die Nacht ist gebannt!
Heiß oder kalt, ja oder nein!
Schlagt dem Teufel die Türe ein! –
Halber Wille ist ganzer Verzicht.
Halbe Menschen gefallen Gott nicht.
Heiß oder kalt, ja oder nein!
Sieger müssen bei Christus sein."

Die Lieder dieser Nachkriegs-Jugendbewegung sind oft schmissig und strotzen von kämpferischen Begriffen. Oft werden sie im Marschrhythmus gesungen.

Und die Kanons! Immer und überall werden Kanons gesungen, oft mit sehr schönen seelsorgerischen Texten und herrlichen Melodien: „Und ob das Herz auch klagt, aus harr ich unverzagt, wer Gottes Pfad gewagt, trägt still sein Kreuz" – „Selig sind, die reines Herzens sind; denn sie werden Gott schauen" oder „Dona nobis pacem". Die Lieder, das gemeinsame Singen, die Gemeinschaft bewirken mehr als alle Predigten und Vorträge. Wir schlafen auf dem Heuboden des Pfarrhauses und halten im Gemeinderaum unsere Bibelarbeiten, Singstunden und sonstigen Veranstaltungen ab. Diese Begegnung mit einem engagierten Diakon ist für mich stark prägend für meinen späteren Berufswunsch.

Ein markantes Ereignis dieser Woche ist für uns Halbstarke ein besonderes Abenteuer und sollte für Luckow noch ein Nachspiel haben: Vom damaligen Bischof Niklot Beste bekommt Luckow eine offizielle disziplinarische „Zigarre", weil er am späten Abend des 31.07.1949 in der Dämmerung mit uns ins benachbarte, einige Kilometer entfernte Dorf Cramon zieht, wo eine Mädchenfreizeitgruppe ebenfalls in der Pfarrscheune auf Heu und Stroh gerade im ersten Schlaf ruht. Mit einem schauerlichen Geheul rund um die Scheune bringen wir die jungen Damen zu mitternächtlicher Stunde nach Luckows Aktionsplan in größte Angst und Panik. Die Mentalität der Zeit ist wohl noch stark geprägt von Verhaltensmustern der romantischen Jugendbewegung und auch noch von den rauen Sitten der gerade erst zu Ende gegangenen Epoche der Hitlerjugend mit Sinn für derlei grobe Scherze. Darauf gibt es seitens der Freizeitleitung der Mädchen eine Beschwerde bei der Landeskirchenleitung und in Folge die Zitierung Luckows zum Bischof.

Toitenwinkel

In der Karwoche **1951** nehme ich vom 19. bis 24. März an einer Rüstzeit in Toitenwinkel bei Rostock für Jugendliche teil, die als Diakone, Katecheten oder sonst als Nicht-Volltheologen hauptberuflich in den kirchlichen Dienst zu treten beabsichtigen. Auch diese Freizeit wird von Diakon Gerhard Luckow geleitet.

Toitenwinkel ist zu der Zeit noch ein von Gehlsdorf etwas entfernt liegendes einsames Dorf in weiter Flur. Überseehafen und Autobahn gibt es noch nicht.

An der schönen alten gotischen Dorfkirche amtiert Pastor Bahr, der mit einigen Vorträgen und Gesprächen aktiv an unserer Rüstzeit teilnimmt, so über „Das 6. Gebot" und zum Thema „Warum lutherisch?": Sola fide: allein aus dem Glauben! - Sola scriptura: allein aus der Schrift! - Nur die Kirche darf sich lutherisch nennen, die sich alleine auf die Schrift stützt! - sowie über „Apologetik" und „Mein Dienst als Pastor". Luckow referiert zum Thema: „Mein Dienst als Diakon": Der angehende Diakon hat drei Entscheidungen zu treffen: 1. Christus ja oder nein, 2. den bisherigen Beruf aufgeben, 3. mit der Kirche als menschlicher Institution fertig werden. Luckow erzählt uns, wie er selber zu der Entscheidung kommt, Diakon zu werden. Er war begeisterter deutscher Soldat mit patriotischem Kampfgeist für den „Endsieg". Der Zusammenbruch Deutschlands zerstörte alle seine Ideale und Hoffnungen. In der Gefangenschaft erkrankte er lebensbedrohlich. In dieser Situation betete er und legte ein Gelöbnis ab: „Lieber Gott, wenn Du mich hier wieder lebendig herausbringst, will ich Dir lebenslang dienen!" Als er sich später erkundigte, wie ein solches Dienen wohl möglich sei, riet man ihm, Diakon zu werden. So kam er nach Neinstedt und pflegte geistig Behinderte. Diakonie sei wörtlich übersetzt: Dienen durch den Staub, Sklavendienst. Er macht es uns an einem Beispiel klar, das er erlebt hat: In Neinstedt sei eine Toilette verstopft gewesen. Die stinkende Kloake habe darin bis zum Rand gestanden. Er sollte sie wieder gangbar machen. Sein Vorsteher, Pastor Knolle, habe von ihm verlangt, mit seinem Arm bis zum Ellenbogen da hineinzugreifen, um die Verstopfung zu beheben. Als er sich nach einigem inneren Widerstand dazu durchgerungen habe, habe er gewusst, dass er allen Versuchungen standgehalten habe, seinen Weg der Diakonie, den Dienst durch Staub und Kot, aufzugeben. Dieses Beispiel wird mich selber später in meiner eigenen Diakonenausbildung noch oft beflügeln, Versuchungen im Dienst zu widerstehen.

Neben mir sind es 13 Teilnehmer: Erhard Bremer, *
21.01.1935, Rolf Bröker *5.08. – er wurde Kirchenmusiker, übte oft an der Orgel des Schweriner Doms, auch an
der Orgel in Grevesmühlen – später Organist in Dorn-
burg bei Magdeburg, Klaus Hartig, *12.1935, später Pastor in Rittmannshagen, Werner Klug, Klaus Krüger, *
13.01.1936, später Diakon, Hartmut Lange, Spitzname:
Igel, Willi Lange, *17.02.1936, später Pastor in Dre-
veskirchen bei Wismar – ihn besuche ich nach meinem
Ruhestand während einer Fahrradtour in seinem Pfarrhaus – bedrückend war für mich die Teilnahme an seinem Gottesdienst mit einer für mich erschreckend geringen Besucherzahl – Willi Lange war befreundet mit dem
in Grevesmühlen lebenden Zahnarzt Bodo Ohlsen –,
Rolf Nölle, *16.01.1936, Harry Salowski, * 23.03.1930,
später Pfarrer in Velefanz im Brandenburgischen, Siegfried Schlowik, *7.09.1936, Klaus-Dieter Schuldt,
*22.02.1936, später Kirchenmusiker in Rostock, Tassilo
Stolz, *29.03.1937, im Bild unten ganz rechts – er ging
später zur NVA und wurde Volkspolizist in Warnemünde
– ich vernute, dass er damals den Auftrag hatte, uns zu
bespitzeln –, Wolfgang Weidler, *20.03.1936, Spitzname: Jonny – damals bei der Reichsbahn tätig.

Weitere Themen: „Stegreifspiel", „Geschichte der Diakonie" an drei Tagen: 1. Biblische Grundlagen, 2. Entwicklung des Diakonenamtes in der Kirchengeschichte, 3. Diakonie in den letzten 100 Jahren". - Wir haben Diakonenschüler vom Michaelshof zu Gast und wandern nach Gehlsdorf, um das dortige Werk der Inneren Mission zu besichtigen. Die täglichen Bibelarbeiten befassen sich mit Passionstexten des Johannes- (13, 1-17) und des Lukasevangeliums, Kapitel 23.

Kapitel 5: **Bei der Post in Schwerin**

Nachdem ich meine Lehrstelle beim Zahntechniker verloren habe, besorgt mein Vater mir einen Ausbildungsplatz in Schwerin bei der Deutschen Post, wo ich eine zweijährige Lehre im Postdienst absolviere.

Am Sonntag, dem 1. Oktober **1950**, notiere ich im Tagebuch:

„Nachdem ich am Morgen aufgestanden bin und mich fertiggemacht hatte, ging ich zum Posaunenblasen. Eifriges Üben ermöglichte es mir, heute zum ersten Male in der Öffentlichkeit mitzuspielen. Um 9 Uhr bliesen wir vom Kirchturm. Langsam stiegen wir die Stufen zum Turm bis zum Glockenboden hinauf und nahmen unter der Glocke Aufstellung. Der Wind wehte durch die offenen Schalluken hindurch. Vor dem Blasen reichten wir uns, Herr Kuschfeld, Herr Gottschalk, Hans und ich, im Kreis die Hände und beteten miteinander. Wir bliesen die Choräle „Nun danket alle Gott" und „Nun danket all und bringet Ehr". Um 10 Uhr nahm ich am Gottesdienst teil, den Propst Münster hielt. - In aller Eile wurde Mittag gegessen und für die Fahrt nach Schwerin gerüstet. Heute soll ich mich beim Heimleiter des Lehrlingsheimes in Schwerin-Görries melden, um dann morgen die Arbeit als Postlehrling in Schwerin aufzunehmen. In Schwerin auf dem Bahnhof traf ich „Ngandi". Er machte bei der Bahnhofsmission Dienst. Von ihm erfuhr ich, dass heute Abend um 19 Uhr Monatsrüste sei. Ich fuhr weiter nach Görries, suchte das Lehrlingsheim auf, legte meine Sachen ab und ging nach Schwerin zurück, wo ich Peter Erdmann („Pepo" – ich traf ihn nach über 60 Jahren 2016 wieder) und „Emma" traf. Zusammen gingen wir zur Monatsrüste in den Dom. Dort gab es ein Wiedersehen mit PW, „Kadi" (Luckow) und vielen weiteren alten Freunden. Die Monatsrüste gefiel mir sehr gut. Ein Bekannter von einer Freizeit der Dobbertiner Bruderschaft begleitete mich noch ein Stück des Weges zu meinem neuen „Zuhause". Gegen 20.30 Uhr war ich wieder im Lehrlingsheim und begrüßte die Jungen, mit denen ich jetzt zusammenleben soll. Es sind feine Kerls darunter. Als sie mir halfen, mein Bett herzurichten, stellte sich heraus, dass sich einer ebenfalls zur Jungen Gemeinde hält: Lothar Goeritz aus Parchim, befreundet mit Jochen Voss von der Dobbertiner Bruderschaft, der auch in Schwerin im Schülerheim lebt.

Lothar Goeritz

Er hat mich an dem Bekenntniskreuz, der Anstecknadel mit dem Kreuz auf der Weltkugel, erkannt, das die Glieder der Jungen Gemeinde tragen."

Die Woche über lebe ich im Postlehrlingsheim. Zum Wochenende fahre ich in der Regel nach Grevesmühlen.

Unser Lehrlingsheim in Schwerin-Görries war früher einmal Dienstvilla des Fliegerhorstkommandanten und liegt abseits, ruhig und idyllisch am Ufer eines Sees. Mit einem guten Dutzend Lehrlingen wohnen wir hier zusammen mit dem Heimleiterehepaar Trulson.

hinten von links: Jürgen Ruszkowski – Heimleiter Trulson –
Ulrich Fentzahn
in der Mitte: Frau Trulson
Trulsons besuche ich einmal zusammen mit Monica von Dortmund
aus in der Schlossgartenallee
und treffe sie nach der Wende Anfang der 1990er wieder

Fast alle Heimbewohner werden als Fernmeldemonteure („Strippenzieher") ausgebildet. Nur Ulrich Fentzahn und ich sind „Paketheber". Nach einigen Tagen ziehe ich mit Lothar Goeritz zusammen in ein Zimmer.

Der dritte Bewohner unserer Bude ist Dieter Vierus, überzeugter FDJler und Marxist. Wie ich lange nach der

Wende bei der Suche im Internet feststelle hat er promoviert und ist Verfasser mehrerer Bücher über Überseetelekommunikation. In einem Flohmarktangebot entdeckte ich im Jahre 2015 sein Buch ‚Kabelleger aus aller Welt', das 1989 im VEB Verlag für Verkehrswesen und in Lizenz bei Steiger, Solingen unter ISBN 3-925952-08-X erschien. Beide, Lothar Goeritz und Dieter Vierus gingen zur weiteren Qualifizierung nach Dresden, Lothar musste wegen Nachstellungen durch die Stasi in den Westen fliehen – wir hatten einmal während meiner Rauh-Haus-Zeit und später von Soest aus zwischen unseren beiden Familien Kontakt. Leider verstarb Lothar sehr früh an schwarzem Hautkrebs.

Dieter Vierus

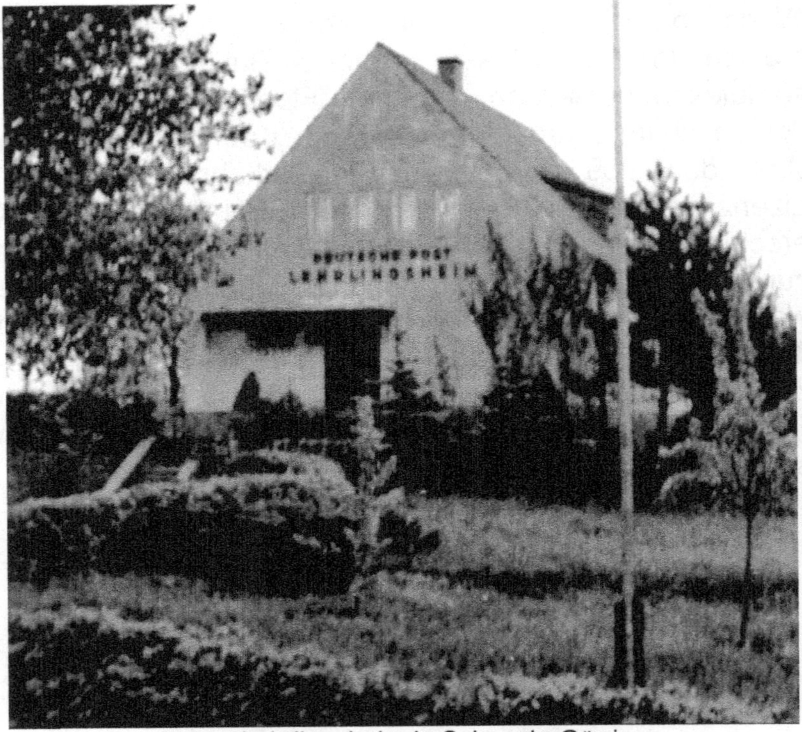

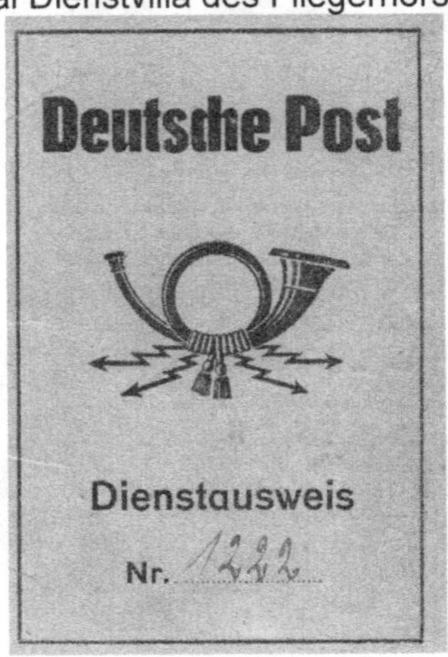

Unser Lehrlingsheim in Schwerin-Görries
war früher einmal Dienstvilla des Fliegerhorstkommandanten

Deutsche Post

Dienstausweis

Nr. 1222

Postausweis von 1950

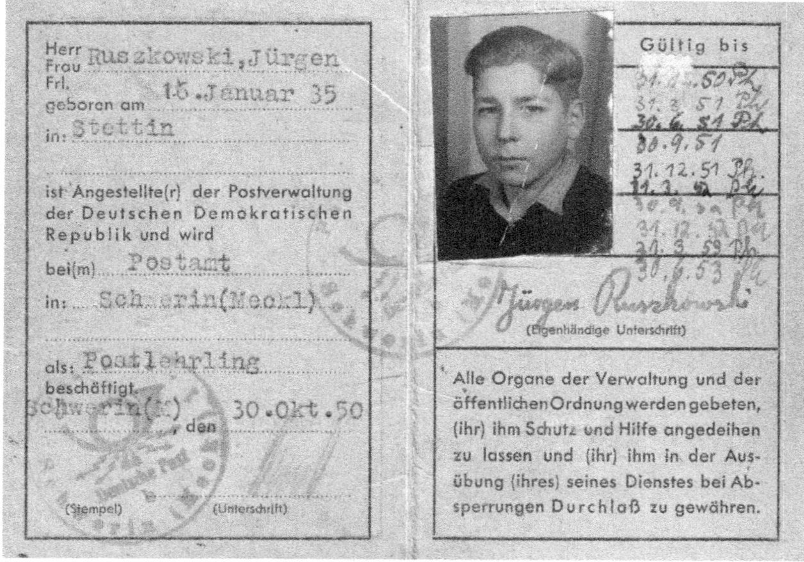

Postausweis von 1950

Ich muss mich erst in die neuen Verhältnisse einleben. Die ersten Tage bei der Post sind hart für mich. In dieser ersten Zeit bin ich recht niedergeschlagen, aber bald habe ich das Tief überwunden.

Zu Beginn der Ausbildung werde ich zur Schweigepflicht vergattert: Ich habe das Postgeheimnis zu wahren, besonders darf niemandem etwas über die Zensurabteilung erzählt werden, die auch für uns Postbedienstete streng tabu ist.

Alle Post kommt sofort nach der Kastenleerung vor dem Stempeln zu der in einem Seitenflügel untergebrachten von der Stasi verwalteten Zensurstelle. Wir legen die Säcke dort vor die Tür und bekommen sie irgendwann wieder zurück.

Hauptpostamt Schwerin – die Hofseite von der Bischofstraße aus
Dieses Bild stammt aus dem Jahr 2016

Hauptpostamt Schwerin – vorne rechts führte der Eingang zum Hof
Dieses Bild stammt aus dem Jahr 2016

in Postuniform zusammen mit einem Kollegen

In unserem Jahrgang sind wir ungefähr 20 Lehrlinge, Jungen und Mädchen in meinem Alter. Zweimal wöchentlich haben wir im Postamt Fachunterricht und allgemeinbildende Fächer in der nahegelegenen Kaufmännischen Kreisberufsschule. Den Fachunterricht erteilt unser pädagogisch sehr befähigter Ausbildungsleiter Hansen. In Fachkunde ist die „Allgemeine Dienstanweisung" Grundlage des Unterrichts. In „Fachgeographie" lernen wir die Stationen der Eisenbahnstrecken ganz Deutschlands auswendig: im mecklenburgischen Bereich jede Station, im entfernteren Deutschland alle größeren Städte. In der allgemeinen Geographie werden die vorhandenen Schulkenntnisse weltweit gründlich aufgefrischt und vertieft. Die praktische Ausbildung erfolgt in unterschiedlichen Abteilungen. Zunächst bin ich in der Wertabteilung, in der Einschreiben- und Wertbriefe gesondert lückenlos nachgewiesen werden, später in der Zustellung, der Briefsortierung, bei der Bahnpost und im Schalterdienst beschäftigt.

Postkollegen beim Verladen von Paketen

Die Werktage verbringe ich in Schwerin. Morgens versorge ich mich im Lehrlingsheim selber mit Frühstück. Mittag- und Abendessen bekomme ich in der Werkküche der Post.

Fast jeden Morgen fahre ich früher los, entweder per Fahrrad oder eine Station mit dem Zug, um vor der Arbeit um 7 Uhr im Dom an der „Morgenwache", einer zehnminütigen Andacht, teilzunehmen, die wir Jugendlichen der Jungen Gemeinde umschichtig selber stehend vor dem Altar halten. Zum Abschluss singen wir immer den Choral „Erhalt uns Frieden gnädiglich, Herr Gott, zu unsern Zeiten, es ist ja doch kein andrer nicht, der für uns könnte streiten, denn Du unser Gott alleine."

Am Wochenende fahre ich in der Regel nach Grevesmühlen, wo ich sonnabends meistens am Posaunenüben teilnehme und mich ansonsten viel mit Hans Gottschalk treffe, der in Grevesmühlen die Oberschule besucht.

Postwerkküche Schusterstraße

Die Hauptpost – von 1950 bis 1953 meine Wirkungsstätte

Hauptpostamt Schwerin – die Hofseite

Die Tagebuchaufzeichnung von Montag, dem 19. Oktober 1950 beschreibt einen Lehrlingsalltag:

„6.30 Uhr aufgestanden. Mit dem Rad von Görries nach Schwerin. Berufsschule: Gegenwartskunde, Betriebswirtschaftskunde, Literaturkunde, Fachkunde: Nummernzettel und amtliche Klebezettel; Erdkunde, Streckengeographie. – Essen in der Werkküche.

Zum Postamt, dort Vater getroffen. Zum Bahnhof und Antrag auf Arbeiterrückfahrkarten geholt, beim Postamt bestätigen lassen. Mit dem Fahrrad nach Görries ins Heim zurück. Keiner im Heim, ich komme nicht hinein. Zum Abendessen nach Schwerin. Wieder zurück zum Heim."

Am 27. Juni 1951 notiere ich:

„Nun bin ich schon ein eingefleischter Postler. In Schwerin habe ich mich eingelebt.

Die schwerste Zeit der Anpassung an die neuen Lebensumstände habe ich überstanden. Leider ist Lothar Goeritz nicht mehr bei uns. Wegen einer Sonderausbildung als Fernmeldemechaniker musste er nach Dresden übersiedeln, mit ihm auch Dieter Vierus. Der Jugendkreis, den ich zusammen mit Lothar übernommen hatte, ist vollkommen auseinandergeflogen. Ich hatte es schon vorher kommen sehen, aber PW ließ nicht mit sich reden. So ein Kreis braucht Zeit, Geduld und ein ganzes Herz. Wenn die Zeit fehlt, ist es auch mit dem ganzen Herzen vorbei und die Geduld alleine reicht nicht aus. Meine Hauptaufgabe besteht jetzt darin, für die Berufsschule zu lernen, um ein gutes Abschlusszeugnis zu bekommen. Das Posaunenblasen hat seit dem ersten öffentlichen Auftreten erhebliche Fortschritte gemacht. Es muss jedoch noch viel besser werden. Bis zum Ende der Lehrzeit will ich ein guter Bläser sein. Im Augenblick steht der Kirchentag in Berlin im Vordergrund. Hoffentlich klappt alles mit der geplanten Reise. Alle Schwierigkeiten, die sich mir in den Weg stellen, will ich überwinden und nur das gesteckte Ziel im Blick haben."

Nachdem wir gut ein Jahr lang in Görries im Lehrlingsheim gewohnt hatten, ziehen die Fernmeldelehrlinge in ein neues Heim um, und es kommen im neuen Lehrjahr nur noch Mädchen zur gelben Post, auch zu uns beiden verbliebenen männlichen Postlehrlingen ins Lehrlingsheim. Ulrich Fentzahn und ich wohnen jetzt zusammen mit Gisela Clasen (verheiratete Kaude) – mit ihr hatte ich 2015 noch telefonischen Kontakt zu ihrem Geburtstag –, Doris Krischkowski (Madry), Inge Malcher, Christine Meissner (Blume), Vera Niewalda (Martens), Waltraud Paeper („Pütt", verheiratete Gleick), Adele Scheffelmeier (Steinhäuser), Helga Wagner (verheiratete Schlichting), Ruth Wildner und Christel Winkel (genannt „Chrischan") aus Grevesmühlen. Wir trafen uns aus Ost und West nach der Wende in Schwerin-Zippendorf nach Jahrzehnten wieder.

Einige Zeit später beansprucht die sowjetische Rote Armee unser Haus in Görries und stellt uns stattdessen in der Schlossgartenallee, wo sie ein großes Areal von beschlagnahmten Villen räumt, ein Gebäude zur Verfügung. Hier wohnen wir noch schöner, weil dichter an der Stadt. Vor unserem Hause vorbei führt die Straßenbahnlinie zur Innenstadt.

mit meinen Kolleginnen im Lehrlingsheim

mit Kollegen vor dem Haus in der Schlossgartenallee

das Lehrlingsheim in der Schlossgartenallee
der Trauerflor an der Fahne signalisiert Stalins Tod

Das Haus in der Schlossgartenallee 60 heute

Obwohl eine Fahrt nur 20 Pfennig kostet, fahre ich bei gutem Wetter immer mit dem Fahrrad durch den Schlosspark.

Bootshäuser am Schweriner See – vom Schloss aus gesehen

Blick aus der Schlossstraße auf das Schloss

Schwerin – Blick auf Theater und Dom

mit dem Fahrrad auf dem Posthof

Eine weitere Notiz aus dem Tagebuch: „Im August 1951 war ich drei Wochen in Sternberg. Mit drei Mann leiteten wir ein Ferienlager der Post für Kollegenkinder. Dies war eine gute Erholung für mich. Außerdem habe ich im Umgang mit den Kindern eine Menge dazugelernt.

Ferienlager der Post für Kollegenkinder

mit Kollegenkindern an der Sagsdorfer Reformationsbrücke

In zwei Wochen ist das erste Lehrjahr herum. Die Zeit fliegt dahin, dass ich kaum merke, wo sie bleibt."

im Bahnpostwagen auf der Strecke Schwerin – Pasewalk

24. Oktober 1951: „Ich bin zur Zeit in der Bahnpost eingesetzt, eine Arbeit, die mir großen Spaß macht. Normalerweise fahre ich bis Neubrandenburg mit und steige dann in den Gegenzug zurück nach Schwerin. Einmal blieb ich bis Pasewalk, um im selben Zug auch wieder zurück zu fahren."

Krankheit

Eines Tages im Winter ziehe ich mir nach einer Radfahrt von Schwerin nach Grevesmühlen bei schlechtem Wetter eine deftige Erkältung zu und erkranke an einer feuchten Rippenfellentzündung.

Hilfskrankenhaus an der Klützer Straße

Auf dem Krankenhausbalkon

Monatelanger Krankenhausaufenthalt in Grevesmühlen, ständig erhöhte Temperatur, mehrmals Punktierun-
gen des Exsudats aus dem Rippenfell. Mit knapper Not
überstehe ich die Krankheit. Eine Kur in Friedrichroda im
Thüringer Wald wird mir gewährt.

Friedrichroda im Thüringer Wald

Wanderung bei Glatteis im Thüringer Wald

Wir machen auch einen Ausflug zur Wartburg.

Ausflug zur Wartburg

Hier kann ich also auch ‚Junker Jörgs' Lutherstube besichtigen, wo der Reformator die Bibel in die deutsche Sprache übersetzte.

Nach sieben langen Monaten bin ich endlich soweit, dass ich wieder arbeiten kann. Welch eine Freude! Die Kollegen, mit denen ich zusammen gelernt habe, haben zwar schon die Lehrabschlussprüfung hinter sich und verdienen volles Geld. Ich muss wegen der Krankheitsausfälle noch ein Jahr länger lernen. Aber das ist alles nicht so schlimm. Ich bin ja wieder gesund und werde das Verlorene schon nachholen – denke ich. Plötzlich: Mittelohrentzündung – spezifisch? Offenbar eine Folge der Rippenfellerkrankung! Wieder Klinik und Penicillin-Kur, aber kein Erfolg. Eines Tages bemerke ich am Oberschenkel eine Geschwulst: Es wird wohl ein Furunkel sein? Vierzehn Tage später dasselbe am Brustbein: eine große, erst feste, dann weicher werdende Beule. Die Ärzte diagnostizieren eine tuberkulöse Entzündung als Folge der tückischen Rippenfellentzündung. Tuberkulose gilt noch als fast unheilbare Krankheit. Ist es eine Knochen- oder Lymphdrüsen-Tbc? Die Lunge scheint nicht betroffen zu sein. Wieder Krankenhaus, Heilstättenaufenthalt? Und der Beruf? Es gelingt mir, die Ärzte zu überzeugen, dass ich erst einmal die Lehre abschließen müsse, ehe ich für längere Zeit aus dem Ausbildungs- und Arbeitsprozess ausscheide.

Warum? – so frage ich mich. Weshalb muss das alles sein? Gesund und froh führte ich meine Arbeit aus. Wenn auch einmal etwas schief geht, so war ich doch glücklich, hatte meine Pläne, dass ich so schnell wie möglich zur Erreichung meiner mir gesteckten Ziele vorwärts komme. Dann plötzlich diese schwere Erkrankung! Ein Fingerzeig Gottes?

Im Januar **1953** werde ich volljährig. Während die Volljährigkeitsgrenze in Westdeutschland noch lange Jahre bei der Vollendung des 21. Lebensjahres liegt, wird sie von der DDR schon früh auf das vollendete 18. Lebensjahr herabgesetzt. Als ich dann einige Monate später in den Westen fliehe, bleibt für uns junge DDR-Flüchtlinge die bereits erreichte Volljährigkeit in Kraft.

Fortsetzung der Lehre bei der Post

So setze ich zusammen mit den inzwischen nur weiblichen Postlehrlingen des nächsten Ausbildungsjahrgangs, darunter die Bewohnerinnen des Lehrlingsheims meine Berufsausbildung bei der Post fort.

Hauptpostamt Schwerin 1953

Meine Post-Lehrlingskolleginnen und die Ausbilder Hansen (oben Mitte)
und Meltz 1953

Ausbilder Hansen mit zwei Kolleginnen

Post-Ausbilder Meltz – Hansen – Gerth

Geographieunterricht bei der Post

Honeckers Kampf gegen die junge Gemeinde

Es ist Mitte Mai 1953. Ende Juni soll die Lehrabschlussprüfung stattfinden. Da kommt ein neues, nicht eingeplantes Hindernis: Der Kirchenkampf spitzt sich zu. Laut Karl Marx ist „Religion Opium für das Volk". Die evangelische Jugend innerhalb der DDR wird vom atheistischen Staat als Feind betrachtet und soll ausgeschaltet werden. Erich Honecker, der Boss der FDJ, will den Willen der Partei durchsetzen. Unsere Treffen, die stark bibelzentriert stattfinden, werden von Stasileuten besucht und beschattet. Man will uns mürbe machen.

In der FDJ-Zeitung ‚Junge Welt', aber auch in der ‚Ostsee-Zeitung' im Bezirk Rostock erscheinen Anfang Mai 1953 fast täglich Hetzartikel gegen die junge Gemeinde, gegen Pastoren und Hausväter diakonischer Einrichtungen. In Nr. 106 der ‚Ostsee-Zeitung' vom 7. Mai 1953 hetzt man gegen den Grevesmühlener Pastor Lietz. In dem Zeitungsartikel wird die Junge Gemeinde als „Spionageorganisation" und „faschistische Mordorganisation" bezeichnet. Auf derselben Seite dieser Zeitung heißt es unter der Überschrift: „Jugendliche wollen sich nicht missbrauchen lassen:

Grevesmühlen. Immer mehr erkennen die jungen Menschen, dass sie in der Spionageorganisation „Junge Gemeinde" nichts zu suchen haben. So erklärt uns die Oberschülerin Erika Beier: „Ich habe in der „Jungen Welt" gelesen und erkläre hiermit, dass ich aus der „Jungen Gemeinde" austrete. Die Jugendfreundin Christa Hecht bemerkt: „Ich bin seit 1952 in der „Jungen Gemeinde" gewesen. Nachdem ich ihre schändliche Arbeit zur Kenntnis genommen habe, erkläre ich hiermit meinen Austritt aus der „Jungen Gemeinde". Ähnlich äußerten sich ..."

Und so geht es weiter. – Solche erpressten Abwendungsbekenntnisse erscheinen fast täglich in den DDR-Zeitungen. Auf dem flachen Lande und in den kleineren Städten werden zuerst die christlichen Schüler aus den Oberschulen verwiesen, soweit sie nicht bereit sind, sich öffentlich von der Kirche loszusagen. Mein Freund Hans Gottschalk ist bereits kurz vor dem Abitur aus der Oberschule entlassen worden. Noch hält sich die Betriebsleitung bei der Deutschen Post in Schwerin zurück, doch bald wächst der Druck auf sie, und unseren Ausbildern bleibt keine Wahl: Man muss etwas gegen uns unternehmen. Mehrere Kolleginnen und ich, von denen bekannt ist, dass wir uns zur Jungen Gemeinde halten, werden am 13. Mai in Anwesenheit der Ausbilder Hansen, Gerth und Meltz und des Lehrlingsheimleiters Trulson zu einer Besprechung in den Kulturraum des Postamtes zusammengerufen und aufgefordert, eine Resolution zu unterschreiben, in der wir die Junge Gemeinde als „Tarnorganisation der westlichen Imperialisten" erkennen und uns verpflichten, „deren Machenschaften zu verabscheuen und zu verurteilen". Solche „Resolutionen" aus Schulen und Betrieben findet man ja zu der Zeit fast täglich in den Zeitungen. Die Kolleginnen bringt man alle dazu, zu unterschreiben. Ich weigere mich. Damit ist meine Zukunft besiegelt! – In dem von mir als Direct Deposit by On Demand Publishing bei amazon unter ISBN 978-1507826638 herausgegebenen Buch ‚Kirche im Nachkriegs-Mecklenburg' sind sehr informative Zeitzeugenberichte zu lesen – Eine berufliche Zukunft bei der Post gibt es nicht mehr. Die will ich ohnehin nicht, denn für mich steht sowieso fest, dass ich Diakon werden will. Dafür benötigte ich jedoch zuvor eine abgeschlossene Berufsausbildung. Aber mit meiner Erkrankung ist mir auch die Diakonenausbildung verbaut. Für uns Christen in der DDR gilt die Devise: Trotz Verfolgung durch die staatlichen Organe: Ausharren! Keine Flucht in den Westen. Aber welche Perspektiven habe ich in meinem Fall? Ich wollte nach dem Abschluss der Lehre bei der Post nach Neinstedt im Harz in die Diakonenausbildung gehen, aber die Neinstedter Anstalten sind kurz zuvor verstaatlicht worden. Hinzu kommt, dass mir bekannt geworden ist, dass im Westen die ersten Erfolg versprechenden Medikamente gegen die Tbc auf den Markt gekommen sind. Ich fahre sofort nach Grevesmühlen, um die Lage mit meinen Eltern zu besprechen. Mein Vater ist empört. Er verlangt, dass ich mich anpasse, unterschreibe. Er ist persönlicher Kraftfahrer (eine Art Herrenkutscher) des Genossen Vorsitzenden des Rates des Kreises (früher sagte man Landrat). Dieser hatte ihn ohnehin schon mit der kritischen Bemerkung konfrontiert, es sei für einen Parteigenossen ehrenrührig, einen „Kugelkreuzler" als Sohn zu haben. „Ihr sollt Gott mehr gehorchen als den Menschen." Das Familienklima ist gespannt. Mutter rät mir zu, in den Westen zu gehen. Ich habe innerhalb weniger Stunden einen inneren Kampf auszufechten.

go west!

Am frühen Morgen des 14. Mai 1953 steige ich mit nur einer Aktentasche als unauffälligem Gepäck in Grevesmühlen in den Zug, um auf dem Umweg über Neubrandenburg nach Berlin zu fahren. Die Zonengrenze ist undurchlässig. Nur das Schlupfloch Berlin ist noch geblieben. Dort kann man noch fast ungehindert mit der S-Bahn oder zu Fuß die Sektorengrenze überqueren. Aber rings um Groß-Berlin herum hat die Volkspolizei einen Kontrollring gelegt. Viele fluchtverdächtige Reisende werden aus den Zügen geholt und nach Verhören zurückgeschickt. Falls es in meinem Falle zu einer Kontrolle kommen sollte, will ich zu einer Familienfeier, einer „Silberhochzeit" zu Verwandten, zur Tante Toni Seth, in Berlin-Treptow. Ein „Geschenk" habe ich in der Aktentasche, sonst nur Wasch- und Rasierzeug, nichts was auf eine Flucht hindeuten könnte.

Die TanteToni Seth zu Besuch bei mir om Kranhenhaus in West-Berlin

Ich komme aber ungehindert nach Berlin hinein und mit Herzklopfen mit der S-Bahn auch in den Westsektor. Hier begebe ich mich nach Tempelhof, wo seit Jahren Ulla Schiele, geborene Feilke, mit ihrem Mann wohnt. Dort bleibe ich die erste Nacht. Am nächsten Morgen suche ich die kirchliche Beratungsstelle für junge Flüchtlinge aus der DDR auf, deren Adresse ich im Kopf habe. Ich werde aufgefordert, mir mein Vorhaben doch noch einmal gründlich zu überlegen, es könnten doch nicht alle weglaufen, was solle dann aus der Kirche in der DDR werden. Dafür hatte ich die Reise nach Berlin nun doch nicht auf mich genommen. Ich habe mich fest entschieden und bin mir meiner Sache sicher.

So nennt man mir die Anschrift der Kontaktbehörde. In diesen Wochen und Monaten kommen täglich tausend oder gar mehrere tausend Menschen über Berlin in den Westen. Ein großer Exodus lässt die DDR ausbluten, bis Ulbricht acht Jahre später am 13. August 1961 die Mauer bauen lässt. Auf dem Messegelände am Funkturm sind in den großen Ausstellungshallen riesige Auffangbüros eingerichtet worden.

Messegelände am Funkturm

Ich kenne das Gelände noch vom Kirchentag in Berlin 1951 her. Vor zwei Jahren war ich hier gewesen. So beantrage ich nun die „Notaufnahme". Ich bekomme einen „Laufzettel". Es beginnt das Stempelsammeln: Einer vom amerikanischen (Geheim-)Dienst, der nächste vom britischen, der dritte vom französischen, der vierte von einer ärztlichen Dienststelle. Ich werde Inhaber eines Gesundheitspasses für Flüchtlinge. Die ärztliche Untersuchung ist gründlich und bewirkt sofort, dass ich in ein Krankenhaus nach Tegel eingewiesen werde.

Während meines Aufenthaltes in Berlin werden in der DDR plötzlich die straff angezogenen Zügel wieder gelockert: Der „Neue Kurs" wird eingeläutet, gemäß dem Motto: Vom großen Bruder lernen. So etwas gab es in den zwanziger Jahren auch bereits einmal in der Sowjetunion: Die NEP, die „Neue ökonomische Politik". Die Verfolgung der Kirche wird abgeblasen, einige Maßnahmen rückgängig gemacht. Die von den Oberschulen verwiesenen christlichen Abiturienten können ihr Abitur nachholen. War also meine Flucht umsonst? Im Hinblick auf meine Heilungschancen durch die neuen Medikamente im Westen war mein Entschluss der einzig richtige. So bleibe ich, bekomme einen provisorischen Personalausweis der Stadt Berlin und werde am 13. Juni 1953 mit anderen jungen Flüchtlingen von Berlin nach Hannover ausgeflogen und am selben Tage per Autobus in das Durchgangslager Sandbostel gebracht.

Durchgangslager Sandbostel

Das Lager Sandbostel im Moor bei Bremervörde hatte zur NS-Zeit als Häftlingslager gedient. Auf der Latrine empfangen mich Sprüche wie: „Erst wenn du in der Fremde bist, weißt du, wie schön die Heimat ist." Hier bricht eine Epidemie aus: Typhus oder dergleichen. Auch ich werde nicht verschont, überstehe es aber schnell. Eine Quarantäne schließt sich an. Nach drei Tagen Lageraufenthalt dringen aufregende Meldungen an unsere Ohren: Die Bauarbeiter der Stalinallee in Ostberlin fühlen sich durch den Neuen Kurs ermutigt und protestieren gegen die hohen Arbeitsnormen. Daraus entwickelt sich ein Volksaufstand, der auch auf andere Städte in der DDR übergreift. Auch in Schwerin gibt es Proteste. Wir kommen kaum noch von den Lautsprechern weg. Die Russen setzen Panzer ein und wälzen die „von Westagenten angezettelte Konterrevolution" brutal nieder.

Juni 1953 im Durchgangslager Sandbostel

Stukenbrock

Drei Wochen später werde ich dem Land Nordrhein-Westfalen zugewiesen. Man bringt uns, wieder per Bus, in das Lager Stukenbrock in der Senne, einer Heidelandschaft zwischen Bielefeld und Paderborn. Auch hier werden mir noch drei Wochen Quarantäne auferlegt. Ich komme wieder ins Krankenrevier und finde hier meinen gesundheitlichen Retter. Der Lagerarzt legt mir die neu auf dem Markt befindlichen Tabletten „Neoteben" gegen die Tuberkulose in die offenen Wunden am Hals und am Oberschenkel. Nach einigen Wochen beginnen die Wunden langsam zuzuwachsen.

Auch dieses Lager hatte bereits zur NS-Zeit als Gefangenenlager gedient.

Ein riesiger benachbarter Russenfriedhof erinnert noch heute an diese Zeit. In der Nähe des Lagers befindet sich ein großer Truppenübungsplatz der Britischen Rheinarmee. An das halbe Jahr in der Senne denke ich gerne zurück!

im Lager Stukenbrock mit einem Mitbewohner

In der Bastelstube produzieren wir Laubsägearbeiten. Nach und nach schickt mir meine Mutter einen großen Teil meiner in Schwerin und Grevesmühlen zurückgelassenen Sachen: Bücher, Wäsche und andere Kleidungsstücke. Das Sozialamt in Paderborn bewilligt mir ein Paar neue Schuhe.

Mit den etwa gleichaltrigen anderen jungen Flüchtlingen unternehme ich in diesem Sommer und Herbst ausgiebige Wanderungen durch das Heidegebiet zur Emsquelle und über den Truppenübungsplatz und durch den Teutoburger Wald zum Hermannsdenkmal.

Hermannsdenkmal im Teutoburger Wald

Per Anhalter unternehme ich zwischendurch eine Reise über die Autobahn nach Düsseldorf zu Familie Tank – meinen Verwandten aus Lübzin, die hier seit etlichen Jahren leben.

Im geliehenen Anzug meines Vetters am Rheinufer

Unterweg besuche ich in Gladbeck einen Freund aus Grevesmühlen – Jochen Albrecht, der schon vor mir in den Westen gegangen war.

Am 25. August 1953 notiere ich:

„Lehre uns bedenken, dass wir sterben müssen, auf dass wir klug werden (Psalm 90)! Herbert Möckel hieß er. Er war gerade vor vier Tagen 20 Jahre alt geworden. Wie wir alle, kam er aus der DDR, war von Beruf Kraftfahrzeugschlosser und hatte längere Zeit als Kumpel bei der Wismut AG im Uranbergwerk gearbeitet. Aus irgendeinem Grunde hatte er 15 Monate im Gefängnis verbracht, war dann entlassen worden und hatte auf Grund der Vorstrafe keine Arbeit finden können. Nun wollte er im Westen Arbeit im Bergbau suchen. Er kam mit einer Angina zu uns ins Krankenrevier, bekam Kopfschmerzen und hohes Fieber: Hirnhautentzündung und ehe sie diagnostiziert wurde, war die Krankheit so weit fortgeschritten, dass jede Hilfe zu spät kam. Tags darauf war er völlig weggetreten, sprach keinen Ton mehr und schaute jeden, der ihm nahe kam, entgeistert an. Die Verlegung ins Krankenhaus in Paderborn war zwecklos: Er verstarb. Wir waren alle tief erschüttert. Ich musste unwillkürlich an Luthers Berufungserlebnis mit dem vom Blitz erschlagenen Freund denken.“

Westerland

Gegen Ende des Jahres wird mir eine dreimonatige Kur gewährt, die ich in einer Spezialheilstätte, der Nordseeklinik in Westerland auf Sylt, am 19. Dezember 1953 antrete. Ich notiere:

„Morgens zu 5.30 Uhr ließ ich mich durch die Nachtschwester wecken. Frau Wodzny hatte mir versprochen, mich mit ihrer Lambretta zur Bahn zu bringen. Um 6.06 Uhr sollte der Zug ab Hövelriege fahren. Wir hörten ihn schon in der Ferne durch die Nacht rollen. Der Motorroller sprang jedoch nicht an. Es war klar, diesen Zug würde ich nicht mehr bekommen. Der Autobus war auch schon weg. Als das Vehikel dann endlich doch ansprang, blieb nur noch die Fahrt nach Bielefeld. Es war meine erste Fahrt auf so einem Gefährt. In Brackwede holten wir den Bahnbus ein. Von Bielefeld ging's mit dem Zug bis Löhne. Das berühmte „Löhne umsteigen" nun auch für mich. Der nächste Umsteigebahnhof war Hannover. Ich hatte etwas Aufenthalt und ging in die Stadt. Von Hannover bis Hamburg saß ich im Alpenexpress (Rom - Hamburg), von dort weiter bis Westerland. Ich fuhr noch mal an Wilster und Burg vorbei. In dieser Gegend hatte ich 1949 anlässlich eines illegalen Zonengrenzübertritts meine Lübziner Verwandten in Sachsenbande besucht. Jetzt lag Nebel über der Wilstermarsch. Bei Hochdonn über führt die Bahnstrecke über eine Hochbrücke über den Nord-Ostsee-Kanal. Der Zug brachte mich über den Hindenburgdamm nach Sylt. Um 18:59 h hielt der Zug in Westerland. Da kein Bus fuhr, musste ich die drei Kilometer bis zur Nordseeklinik am Stadtrand laufen.

Nordseeklinik im Jahre 2016 fotografiert

Nordseeklinik Westerland

Ich war erstaunt, als ich den großen Gebäudekomplex der Klinik sah. Hier wohne ich jetzt mit etwa gleichaltrigen Leidensgenossen in einem Achtmannzimmer unterm Dach.

Von unserem Fenster im Obergeschoss haben wir direkte Sicht über die Dünen hinweg zur Nordsee. Unterkunft und Verpflegung sind ausgezeichnet.

Zum ersten Male fühle ich mich so richtig in das westdeutsche Alltagsleben versetzt. Ich lebe nicht mehr unter Flüchtlingen im Lagerghetto und muss immer wieder feststellen, dass der Gegensatz zwischen den beiden

Welten West und Ost doch sehr groß ist. Es dauert eine lange Zeit, bis man sich vollkommen akklimatisiert hat. In den ersten Tagen in West-Berlin sah ich in allen Autos auf den Straßen nur Luxuslimousinen von Großkapitalisten.

Wie man mir angekündigt hat, muss ich drei Monate in dieser Kur bleiben. Es lässt sich hier ja gut aushalten. Wenn ich nur mit den beruflichen Zielen nicht so weit zurückbleiben würde!"

Gegessen wird gemeinsam im Speisesaal. Mit Liegekuren, Atemgymnastik in der Brandungszone direkt am Meer, Seewasserinhalationen, Lebertranschlucken und stundenlangen Wanderungen am Strand soll ich wieder in Form gebracht werden.

Weihnachten in der Nordseeklinik in Westerland

Schon bevor ich auf die Reise in den hohen Norden gehe, sind meine Geschwüre abgeheilt und eine neue zarte Haut hat sich darüber gebildet. Dank sei dem Fortschritt der Medizin! Ich danke dem lieben Gott, dass er diese ägyptische Plage der Krankheit nun offenbar von mir genommen hat und ich wieder hoffen kann.

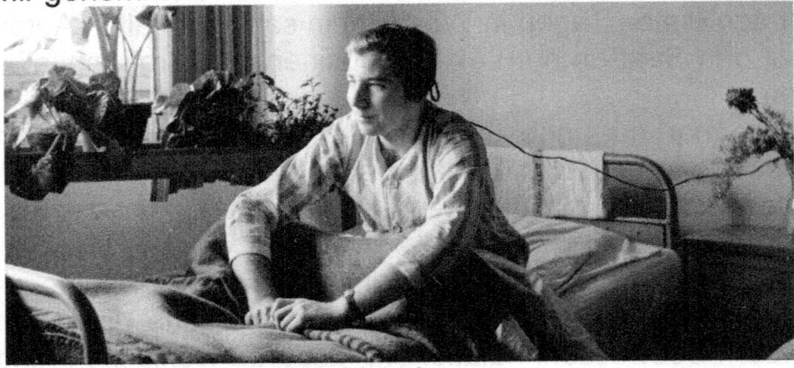

Liegekur

Am 16. Januar 1954 notiere ich:
„Heute, an meinem Geburtstag (ich werde 19) herrscht hier an der Nordsee ein tolles Wetterchen.

Seit gestern tobt ein schwerer Sturm über der Nordsee, der bis jetzt eine Geschwindigkeit von bis zu 150 km/h erreicht hat. Im Durchschnitt herrscht Windstärke 10 bis 11, zeitweilige Orkanböen erreichen Windstärke 12. Gestern Abend um 23 Uhr waren wir noch einmal zum Strand gegangen. Das Wasser reichte bei voller Flut bis an die Dünen heran. Als wir heute früh einen Abstecher ans Meer machten, hatte dieses etwa fünf Meter von den Dünen weggeschwemmt. Es war eine kleine Steilküste entstanden, an der die Wellen aufprallten und empor spritzten. Leider konnten wir nicht lange verweilen, denn wir mussten zur angesetzten Liegekur zurück. Später berichtet man uns, das Restaurant „Seenot" sei von den Wellen zerstört worden. Sogleich nach dem Mittagessen wanderten wir zur Promenade nach Westerland. Da wir durch die Stadt gingen, um von dort aus an den Strand zu gelangen, kamen wir genau an der Ecke der Promenade an, wo die See am schlimmsten tobte. Die Wellen spritzten überhaushoch an den Betonmauern der Promenade entlang. Der Wind fegte das aufspritzende Wasser weit über die Dünen bis auf die Straßen der Stadt. Die Promenade konnte niemand mehr betreten. Das Geländer war zum größten Teil weggerissen. Überall lag angeschwemmtes Holz oder Seegras herum. Das Gesicht brannte mir von dem Salzwasser, das der Sturm unentwegt versprühte. Ab und an rissen die Wolken auf, und die Sonne schien über dem Inferno. Schnell hatte ich die letzten beiden Bilder des Filmes in meinem alten Fotoapparat verknipst. Halb Westerland war am Strand zusammengelaufen, um das einmalige Naturschauspiel zu bestaunen. Als der Bundesgrenzschutz die Dünen räumte, wagten wir uns ein Stück weit über die Promenade. Ehe wir uns versahen, hatte uns ein Brecher an den Beinen bis auf die Haut durchnässt. Wir kamen an den Trümmern von „Seenot" vorbei. Das Meer hatte aus den Dünen, auf denen das Café stand, eine Steilküste gemacht. Unten spülte die Brandung über die Trümmer. Anschließend waren wir noch am „Kronprinzen", einem Restaurant, das schon längere Zeit wegen Einsturzgefahr geschlossen war. Zwei Meter war der Abstand vom Hausrand bis zur Steilküste nur noch. Völlig durchnässt kamen wir dann zur Klinik zurück. Im abendlichen Nachrichtendienst wurden die Schäden in Westerland erwähnt. Es herrschte hier wohl lange nicht so ein starker Sturm, wie wir ihn heute erlebten. Psalm 93,4: ‚Die

Wasserwogen im Meer sind groß und brausen mächtig, der Herr aber ist noch größer in der Höhe!'"

Von Stukenbrock aus hatte ich bereits Bethel besucht und mir die dortige Diakonenanstalt Nazareth angeschaut. Ich tendiere jedoch mehr nach Hannover und bewerbe mich von Westerland aus um die Aufnahme als Diakonenschüler beim Stephanstift, zu dessen Einzugsgebiet vor dem Kriege auch das lutherische Mecklenburg gehörte, werde aber auf Grund meiner gesundheitlichen Risiken abgelehnt.

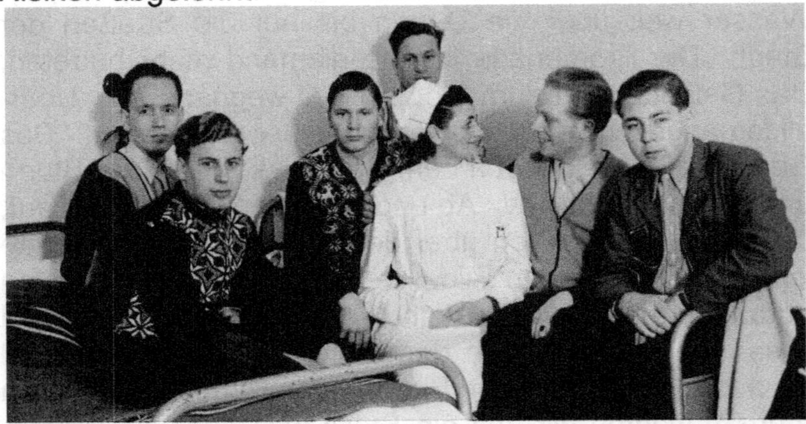

mit der Stationsschwester in der Nordseeklinik in Westerland

So resigniere ich und halte das Ziel, Diakon zu werden, für vorerst nicht realisierbar. Nach Abschluss der Kur in Westerland kehre ich nach Stukenbrock ins Flüchtlingslager zurück, ohne zu wissen, wie mein Leben nun weitergehen soll.

Wie soll es weitergehen?

Auf der Rückfahrt von Westerland nach Stukenbrock am 19. März **1954** unterbreche ich die Reise in Hamburg und besuche den mir bekannten Rauhhäusler Diakon **Karl Fischer**, der nach dem Kriege als Gemeindediakon in Grevesmühlen gewirkt hatte und nach seiner Rückkehr von Grevesmühlen nach Hamburg wieder als Fürsorger bei der Hamburger Jugendbehörde arbeitet. Mit seinem Motorrad war er jahrzehntelang engagiert in seinem Fürsorgebezirk in Hamburg-Osdorf unterwegs. Nachdem ich ihm meine Geschichte erzählt habe und die Auffassung vertrete, aus meinen Plänen, Diakon zu werden, werde aus gesundheitlichen Gründen wohl nichts mehr, ermuntert er mich, mich sogleich im Rauhen Haus zu bewerben. Ich habe zwar keinerlei Hoffnung – aber schaden kann es wohl kaum?! Also fahre ich nach Horn und stelle mich vor.

Da die Entscheidung nicht am selben Tag gefällt werden kann, bietet mir Bruder Niemer (siehe Band **11** dieser Zeitzeugen-Buchreihe „Genossen der Barmherzigkeit") an, im Rauhen Haus zu übernachten, aber nicht, bevor er mit einer Ärztin, Frau Dr. Krüger (Ehefrau meines späteren Dozenten für Neues Testament und Literatur), abgeklärt hat, ob ich mit meiner Krankheit ein Infektionsrisiko für die Diakonenschüler darstellen könnte, mit denen ich zusammen in einem Raum schlafen soll. Diese Ärztin hält die Einquartierung bei den Brüdern für „...gänzlich unbedenklich, da die Drüsentuberkulose nicht ansteckbar und außerdem nicht über zu bewerten sei. Im Allgemeinen heile sie völlig aus."

Schon seit Wicherns Zeiten fühlten sich die Brüderhausleitungen in den Diakonenanstalten „zu einer strengen Auslese des Nachwuchses nach geistlichen und charakterlichen Kriterien" verpflichtet.

„Die viel beschworenen „preußischen" Sekundärtugenden Treue, Opferbereitschaft, Fleiß, Pünktlichkeit, Gehorsam und Bescheidenheit, ergänzt um die „christlichen" Tugenden der Demut, Züchtigkeit und Mäßigung - das waren bis in die Zeit nach dem 2. Weltkrieg die Hauptanforderungen an die Persönlichkeit eines Diakons." (Michael Häusler: Dienst an Kirche und Volk / E. Bunke, „Berufskunde").

So werde auch ich gründlich unter die Lupe genommen. Ich habe einen Lebenslauf zu schreiben. Man gibt mir einen Zeitungsausschnitt, einen Artikel aus dem Feuilleton von einem gewissen Anatol France, den ich mir durchlesen und mir den Inhalt einprägen soll, um ihn dann als Test meiner Merk- und Ausdrucksfähigkeit mit eigenen Worten wiederzugeben.

Pastor Donndorf – Diakon Füßinger

Ich werde von Pastor Donndorf, Diakon Füßinger (siehe Band **11** „Genossen der Barmherzigkeit") und Diakon Niemer getrennt nacheinander jeweils in einem kurzen Gespräch in Augenschein genommen. Dann muss ich zu einem Arzt in der Nachbarschaft des Rauhen Hauses, zu Dr. med. Siegfried Spitzner, zu einer Untersuchung. Ich brauche meinen Oberkörper nicht freizumachen. Meine Hemdsärmel habe ich unter der Jacke aufgekrempelt. Genau dort tastet er nach meinen Bizeps. Im Fragebogen des Rauhen Hauses soll angekreuzt werden, ob ich ein leptosomer, pyknischer oder muskulöser Typ sei. Natürlich bin ich bei diesen Bizeps ein „muskulöser". Ich traue meinen Ohren nicht, als man mir unterbreitet, ich sei als Bewerber akzeptiert und könne zum 1. April 1954 den Dienst als Diakonenschüler aufnehmen. So reise ich hoch erfreut weiter ins Flüchtlingslager nach Stukenbrock, um am 27.03.1954 von dort aus meine offiziellen Bewerbungsunterlagen ins Rauhe Haus nachzusenden.

Das Rauhe Haus gilt als „Brunnenstube der Inneren Mission" und ist die Wiedergeburtsstätte der männlichen Diakonie nach über tausendjährigem Dornröschenschlaf in der Kirchengeschichte. Johann Hinrich Wichern hatte diese Anstalt 1833 als junger Kandidat der Theologie mit Hilfe einflussreicher Hamburger Bürger in dem Dorf Horn vor den Toren Hamburgs aus kleinsten Anfängen als „Rettungshaus" für gefährdete Kinder und Jugendliche gegründet und aufgebaut (über **Wichern** und die Geschichte des Rauhen Hauses habe ich den Band **65** in meiner gelben Reihe herausgegeben bei **amazon**.de unter ISBN **978-1507725047** als **ebook** unter ISBN **978-3-8476-8155-7**). Im Sommer 1834 zog ein Bäckergeselle, namens Josef Baumgärtner, zu Fuß von Basel nach Hamburg, um Wichern als erster Gehilfe für ein mageres

Taschengeld von 100 Mark im Jahr bei freier Kost und Logis als Betreuer einer „Knabenfamilie" zur Hand zu gehen. Nach drei Jahren übernahm Baumgärtner ein eigenes neu gegründetes Rettungshaus in Mitau im Kurland. Aus seinen „**Gehilfen**", die Wichern aus ganz Deutschland rief und die ihn bei seiner Erziehungsarbeit im Rauhen Haus unterstützten und von den Jungen der Erziehungsfamilien „**Brüder**" genannt wurden, baute er den hauptberuflichen Mitarbeiterstab der Inneren Mission auf, die „Berufsarbeiter", die als Hausväter in „Rettungshäusern", als Strafvollzugsbetreuer oder als „Stadtmissionare" in ganz Deutschland und im Ausland bis hin nach Übersee tätig wurden.

Wicherns Wunsch: „Treue, gottesfürchtige Männer, so ernst als wahr, so klug als weise, in der Schrift bewandert, im Glauben gegründet, voll Liebe zum armen Volke, geschickt zu solch einem Umgang, der Menschen fürs Himmelreich gewinnt, wünschen wir in Scharen unter das Volk."

Erst Jahrzehnte später wird man diese „Gehilfen" entgegen Wicherns ursprünglichen Vorstellungen Diakone nennen.

Lesen Sie im 2. Teil meiner Autobiographie über meine Diakonenausbildung im Rauhen Haus.

Lesen Sie im 3. Teil meiner Autobiographie über mein berufliches Wirken als Diakon und Sozialarbeiter in Westfalen (zunächst in Dortmund, dann in Soest) und Hamburg als Leiter des Seemannsheimes Krayenkamp und Geschäftsführer der Seemannsmission.

Im 4. Teil erzähle ich über meinen aktiven Ruhestand, in dem ich als Rentner-Hobby mehr als 100 Buchbände herausgab.

In der **maritimen gelben Buchreihe „Zeitzeugen des Alltags"** sind
bisher folgende Bände erschienen:

Band 1 Anthologie Begegnungen im Seemannsheim Lebensläufe und Erlebnisberichte – ebook

Band 2 Seemannsschicksale – Anthologie – Seefahrerportraits – auch als ebook

Band 3 Seemannsschicksale – Anthologie – Erlebnisberichte von See – auch als ebook

Band 4 Seefahrt unserer Urgroßväter unter Segeln – auch als ebook

Band 5 Capt. Feiths Memoiren – Ein Leben auf See – auch als ebook

Band 6 Seemannserinnerungen – Anthologie – auch als ebook

Band 9 Endstation Tokyo – Achtern raus in Japan – 12 € – nur noch Restbestände

Band 10 Jürgen Ruszkowski: Rückblicke – Himmelslotse im Seemannsheim – auch als ebook

Band 14 Schiffselektriker in Cuxhaven – auch als ebook

Band 17 Schiffskoch Ernst Richter – auch als ebook

Band 18 Seeleute aus Emden und Ostfriesland – Anthologie – auch als ebook

Band 19 Das bunte Leben des Matrosen Uwe Heins – auch als ebook

Band 20 Kurt Krüger: Matrose im 2. Weltkrieg – auch als ebook

Band 21 Gregor Schock: Reiniger um 1963 auf SS RIO MACAREO – auch als ebook

Band 22 Jörn Hinrich Laue Frachtschiffreisen – nur bei amazon + auch als ebook

Band 23 Jochen Müller: Geschichten aus der Backskiste Masch.Assi bei DSR – 12 € –ebook

Band 24 Erlebnisse des Funkers Mario Covi: Traumtrips und Rattendampfer –ebook

Band 25 Erlebnisse des Funkers Mario Covi: Landgangsfieber und grobe See –ebook

Band 29 Logbuch – Anthologie mit Seemannsschicksalen – auch als ebook

Band 30 Günter Elsässer: Schiffe, Häfen, Mädchen – Trampfahrt um 1960 – auch als ebook

Band 31 Thomas Illés d. Ä. Sonne, Brot und Wein – 1 – Tagebuch eines Seglers – auch als ebook

Band 32 Thomas Illés d. Ä. Sonne, Brot und Wein – 2 – Tagebuch eines Seglers – auch als ebook

Band 33 Jörn Hinrich Laue: Hafenrundfahrt Hamburg – nur bei amazon + auch als ebook

Band 34 Peter Bening: Roman Seemannsliebe – auch als ebook

Band 35 Günter George: Junge, komm bald wieder... Junge aus Bremerhaven – auch als ebook

Band 36 Rolf Peter Geurink: Seemaschinist um 1960 – auch als ebook

Band 37 Hans Patschke: Frequenzwechsel – Funker 1932 – 1970 – auch als ebook

Band 39 Hein Bruns: In Bilgen, Bars und Betten – Roman – auch als ebook

Band 40 Heinz Rehn: Kanalsteurer – plattdütsche Texte – auch als ebook

Band 41 Klaus Perschke: Vor dem Mast – Seefahrt um 1953 – auch als ebook

Band 42 Klaus Perschke: Seefahrt um 1956 Ostasienreisen Nautiker 1958 – auch als ebook

Band 44 Lothar Rüdiger: Flarrow, der Chief Trilogie Maschinenassistent – auch ebook

Band 45 Lothar Rüdiger: Flarrow, der Chief - Trilogie Wachingenieur – auch ebook

Band 46 Lothar Rüdiger: Flarrow, der Chief – Trilogie – Ziel erreicht: Chief – auch ebook

Band 47 Seefahrtserinnerungen – Anthologie – auch als ebook

Band 48 Peter Sternke: Erinnerungen eines Nautischen Beamten – auch ebook

Band 49 Jürgen Coprian: MS FRANKFURT – Salzwasserfahrten 1 Ostasienreisen – ebook

Band 50 Jürgen Coprian: MS FRIEDERIKE TEN DOORNKAAT – Salzwasserfahrten 2 – ebook

Band 51 Jürgen Coprian: MS WIEN + NORMANNIA – Salzwasserfahrten 3 – auch als ebook

Band 52 Jürgen Coprian: MS VIRGILIA – Salzwasserfahrten 4 – auch als ebook

Band 53 Jürgen Coprian: MS COBURG Salzwasserfahrt 5 – auch als ebook

Band 54 Jürgen Coprian: MS CAP VALIENTE - Salzwasserfahrten 6 – auch als ebook

Band 55 Jürgen Coprian: MS BRANDENBURG – Salzwasserfahrten 7 – auch als ebook

Band 56 Immanuel Hülsen: Schiffsingenieur, Bergungstaucher, Flieger –: nicht mehr lieferbar

Band 57 Harald Kittner: Roman: Der Nemesis-Effekt – nicht mehr lieferbar!

Band 58 Klaus Perschke: Seefahrt um 1960 unter dem Hanseatenkreuz – Nautischer Offizier – ebook

Band 59 Jörn Hinrich Laue Unterwegs auf Passagier-, Fracht-, Fährschiffen – auch ebook

Band 60 Kuddel Senkbklei: Wasser über Deck und Luken – Seefahrt in den 1950-60ern – ebook

Band 61 Franz Döblitz + Ernst Richter: Service an Bord – auch als ebook

Band 62 Bernhard Schlörit: Hast du mal einen Sturm erlebt? – auch als ebook

Band 63 Carl Johan: Das glückhafte Schiff – Seefahrerroman – auch als ebook

Band 64 Bernd Herzog: Opas Seefahrtszeit – als Maschinist – auch als ebook

Band 66 Bernhard Schlörit: Auf dicken Pötten um die Welt – auch als ebook

Band 67 Arne Gustavs: Schiffsjunge um 1948 – auch als ebook

Band 68 Ernesto Potthoff: Segelschulschiff LIBERTAD – auch als ebook

Band 69, 70, 71 Ernst Steininger: Seemann, deine Heimat ist das Meer – auch als ebook

Band 74 Fritz Gromeier: Freddy, der wilde Heizer – zur Zeit nicht lieferbar

Band 75 Jürgen Ruszkowski: Aus der Geschichte der Seemannsmission – nur als ebook

Band 76 Heribert Treiß: Rudis Weltenfahrten 1936 – 1948 – auch als ebook

Band 77 Bernhard Schlörit: Verdammte Container – auch als ebook

Band 78 Otto Schulze: Briefe aus Fernost – 1907 – Teil 1 – auch als ebook

Band 79 Otto Schulze: Briefe aus Fernost – 1908 – 1912-13 – Teil 2 – auch als ebook

Band 82 Kapitän und Kanallotse Herbert Suhr – 1912 – 2009 – auch als ebook

Band 83 Joseph Conrad – Seefahrer und Schriftsteller – auch als ebook

Band 85: Jürgen Coprian: FRANCESCA – SAXONIA – nur bei amazon + als ebook

Band 90: Jörn-Hinrich Laue: Fährschiffe – nur bei amazon + als ebook

Band 91: Segelschifffahrt um 1850-70 – Richard Wossidlo– nur bei amazon + als ebook

Band 92: Kaiserliche Marine 1890 – nur bei amazon + als ebook

Bände 93 + 94: Willi Franck: Kadett - Marineoffizier 1895 - 1907 – nur bei amazon + ebook

Band 98: Der Mensch auf dem Wasser – Kulturgeschichte der Schiffe– nur bei amazon + als ebook

weitere Bände sind nun nicht mehr geplant

Nicht maritime Bände in der gelben Buchreihe:

Band 11: Diakone des Rauhen Hauses: „Genossen der Barmherzigkeit" ebook

Band 12: Diakon Karlheinz Franke – Autobiographie – auch als ebook
Band 13: Diakon Hugo Wietholz,: Autobiographie – auch als ebook
Band 15: Zeitlebens im Gedächtnis – Deutsche Schicksale um 1945 - Wir zahlten für Hitlers Hybris – ebook
Band 26: Monica Maria Mieck: Liebe findet immer einen Weg – Kurzgeschichten – ebook
Band 27: Monica Maria Mieck: Verschenke kleine Sonnenstrahlen – Kurzgeschichten – ebook
Band 28: Monica Maria Mieck: Durch alle Nebel hindurch – besinnliche Kurzgeschichten – ebook
Band 38: Monica Maria Mieck: Zauber der Erinnerung – besinnliche Kurzgeschichten
Band 43: Monica Maria Mieck: Winterwunder – Weihnachtstexte – auch als ebook
Band 65: Johann Hinrich Wichern – Geschichte des Rauhen Hauses –ebook
Band 72: Kirche im Nachkriegs-Mecklenburg – Anthologie – auch als ebook
Band 73: Horst Lederer: Pastoren in Grevesmühlen (Mecklenburg) – auch als ebook
Band 80 + 81: Norbert Mieck – Lyrik – auch als ebook
Band 84 Geschichte des Elbdorfes Rissen – auch als ebook
Band 86: Jürgen Ruszkowski: Neubau der Stadtteilschule Rissen – nur bei amazon + auch als ebook
Band 87-sw: Jürgen Ruszkowski: Wiedersehen mit Schwerin – nur bei amazon + auch ebook
Band 87-farbig: Jürgen Ruszkowski: Eine Reise nach Schwerin – nur bei amazon + auch ebook
Band 88-sw: Jürgen Ruszkowski: Wiedersehen mit Sylt – nur bei amazon + auch als ebook
Band 88-farbig: Jürgen Ruszkowski: Eine Reise nach Sylt – nur bei amazon + auch als ebook
Band 89: Jürgen Ruszkowski: Werde ich wirklich gerne alt? – nur bei amazon + auch ebook
Bände 95 + 96: Heinrich Boehmer: Der junge Luther – nur bei amazon + auch als ebook
Band 99: Jürgen Ruszkowski: Hamburg – eine liebenswerte Stadt – nur bei amazon + auch ebook
Band 101: Jürgen Ruszkowski: Versuch einer Standortklärung – nur bei amazon + auch ebook

Direktbezug beim Herausgeber für je 13,90 €, soweit oben nicht anders erwähnt, im Inland an Privatpersonen portofrei (Ausland: ab 3,20 €):
Jürgen Ruszkowski, Nagelshof 25, D-22559 Hamburg,
Tel.: 040-**18090948** – Fax: 040-18090954 – maritimbuch@googlemail.com
Info: www.maritimbuch.de oder www.seamanstory.de oder http://maritimbuch.klack.org
https://sites.google.com/site/maritimegelbebuchreihe/home
http://maritimegelbebuchreihe.klack.org/ oder http://zeitzeugenbuch.klack.org
oder http://seemannsschicksale.klack.org oder http://seeleute.npage oder
http://seefahrt1950-60er.npage.de oder http://seamanstory.klack.org oder
http://seeleute.klack.org oder http://salzwasserfahrten.npage.de/ oder http://seefahrer.klack.org